面向 2035 的复合材料构件精确制造发展战略研究

单忠德 范聪泽 宋文哲 编著

机械工业出版社

本书以国家重大战略工程的应用需求为牵引，以国家制造强国发展规划为契机，围绕先进复合材料及其相关技术与装备，分析了复合材料构件精确制造国内外发展趋势，梳理了复合材料构件精确制造技术与装备最新进展。书中明确了面向 2035 我国复合材料构件精确制造的发展目标和思路，指出了亟须突破和解决的复合材料领域关键技术和重大装备，提出了我国面向 2035 的复合材料构件精确制造的重点任务、发展路径和相关政策建议。

本书可供产品设计人员、复合材料构件加工制造人员、检测人员、相关领域政策制定者及相关专业师生参考。

图书在版编目（CIP）数据

面向 2035 的复合材料构件精确制造发展战略研究/单忠德，范聪泽，宋文哲编著. —北京：机械工业出版社，2023.10
ISBN 978-7-111-74014-8

Ⅰ.①面… Ⅱ.①单… ②范… ③宋… Ⅲ.①复合材料–构件–制造工业–工业发展战略–中国 Ⅳ.①F426.4

中国国家版本馆 CIP 数据核字（2023）第 192683 号

机械工业出版社（北京市百万庄大街 22 号 邮政编码 100037）
策划编辑：雷云辉 责任编辑：雷云辉 李含杨
责任校对：宋 安 丁梦卓 封面设计：马精明
责任印制：张 博
北京联兴盛业印刷股份有限公司印刷
2023 年 12 月第 1 版第 1 次印刷
169mm×239mm·12.25 印张·217 千字
标准书号：ISBN 978-7-111-74014-8
定价：119.00 元

电话服务 网络服务
客服电话：010-88361066 机 工 官 网：www.cmpbook.com
010-88379833 机 工 官 博：weibo.com/cmp1952
010-68326294 金 书 网：www.golden-book.com
封底无防伪标均为盗版 机工教育服务网：www.cmpedu.com

编 委 会

"面向 2035 的复合材料构件精确制造发展战略研究" 课题组成员

单忠德　中国工程院院士　南京航空航天大学

孙晋良　中国工程院院士　上海大学

杜善义　中国工程院院士　中国航天科技集团公司

黄先祥　中国工程院院士　火箭军工程大学

刘怡昕　中国工程院院士　炮兵学院南京分院

刘永才　中国工程院院士　中国航天科工集团第三研究院

陈祥宝　中国工程院院士　中国航空工业集团公司北京航空材料研究院

唐长红　中国工程院院士　中国航空工业集团公司第一飞机设计研究院

李　骏　中国工程院院士　清华大学

俞建勇　中国工程院院士　东华大学

李仲平　中国工程院院士　航天材料及工艺研究所

樊会涛　中国工程院院士　中国航空工业集团公司中国空空导弹研究院

侯　晓　中国工程院院士　中国航天科技集团公司

吴光辉　中国工程院院士　中国商用飞机有限责任公司

向锦武　中国工程院院士　北京航空航天大学

朱广生　中国工程院院士　中国航天科技集团有限公司第一研究院

刘　丰　北京机科国创轻量化科学研究院有限公司副总经理

战　丽　中国机械总院集团北京机电研究所有限公司纪委书记

前 言

　　复合材料具有高比强度、耐疲劳、抗冲击、可设计性好等优点，对实现高端装备高性能、轻量化、绿色化、低成本制造具有重要作用，被广泛应用于航空航天、轨道交通、汽车船舶、能源装备等领域。在波音 787 等先进客机上，复合材料用量达 50% 以上，应用范围已从非承力结构扩展为主机翼、机身等主承力结构。在船舶舰艇中，使用纤维增强复合材料可减重 30%，能大幅度提高战舰的隐身和高速突击性能。据统计，亚洲复合材料市场是全球最大的市场，亚洲复合材料产值占全球的 43%，全美地区产值达到全球总量的 32%。据统计，2021 年，全球复合材料产量超过 1200 万 t，年产值超过 1000 亿美元；2021—2031 年，全球复合材料市场规模的复合年增长率预计超过 8%。我国复合材料产业的需求量保持年增长率 20% 以上，将高于欧洲和美国，2020 年的市场规模达2231.1 亿元，2025 年的市场规模预计超过 3500 亿元。

　　从全球看，复合材料构件制造技术与装备加速研发，技术竞争激烈、垄断加剧，美日等发达国家在复合材料技术装备方面占据主导地位，处于第一阵列，欧美国家对预制体立体编织、多轴精密数控缠绕、高精度损伤检测等关键技术实施封锁和设备禁运。当前，世界制造强国均将先进复合材料技术列为国家战略，如美国建立了聚合物和复合工程中心、复合材料制造技术中心和国家复合材料中心等国家级创新机构，日本将碳纤维复合材料纳入"能源基本计划""经济成长战略大纲"和"京都议定书"等多项国家计划。我国在《中国制造2025》和"深入实施制造强国战略"中将先进复合材料列为发展重点，力图争夺全球复合材料产业的新一轮竞争制高点。

　　为推动我国复合材料产业高质量发展，2021 年 1 月，中国工程院正式启动了"面向 2035 的复合材料构件精确制造发展战略研究"重大咨询项目，对我国的复合材料构件制造产业发展进行了战略分析和顶层设计。本书是重大咨询项目的学术性成果展示，分析了国内外纤维复合材料构件精确制造发展现状、趋势和存在的问题，梳理了纤维复合材料构件精确制造的关键技术与装备，明确了我国纤维复合材料构件精确制造的发展思路和发展目标，提出了有针对性的举措建议。

本书分为 10 章，第 1 章为绪论，主要介绍了复合材料制造技术的内涵及战略意义，总结了国内外复合材料构件的应用现状，提出了复合材料精确制造技术发展路线图；第 2 章~第 9 章分别从复合材料构件设计理论及仿真、复合材料预制体数字化成形技术与装备、复合材料构件成形工艺及装备、复合材料构件增材制造技术与装备、复合材料构件加工技术及装备、复合材料构件装配工艺及装备、复合材料构件检测、监测及评价和复合材料构件修复技术与装备八个方面展示了复合材料构件精确制造技术的发展现状和发展趋势，梳理了复合材料构件精确制造的关键技术与装备；第 10 章为政策建议，提出了面向 2035 我国复合材料构件精确制造的发展路径和相关政策建议。

本书在编写过程中得到了汪俊、王洋、孙正、王尧尧、郑菁桦、陈意伟、易程、杨浩秦、刘丰、战丽、肖军、裴进浩、李迎光、安鲁陵、李勇、陈燕、郝小忠、陶然、王显峰、张超、赵聪等国内外众多专家学者的指导，特别是得到了中国工程院 10 余位院士专家的大力支持和帮助。本书参考了相关文献，作者在此表示衷心的感谢。由于纤维复合材料构件的精确制造技术涉及多学科交叉、多技术融合，技术内容涉及面广，导致本书撰写难度大，加之作者水平局限，书中难免有不足之处，敬请读者批评指正。

作　者

目 录

第 **1** 章
绪　　论

1.1　复合材料构件精确制造的内涵及意义

　　复合材料是 21 世纪最重要的人工材料之一，它由两种或两种以上不同性质的材料复合而成，组分材料间具有明显界面，能够充分发挥材料各自的优势，产生协同效应，从而获得宏观、微观各组分材料所不具备的性能。基于优异的力学和功能特性，复合材料在航空航天、电力电子和汽车制造等领域得到了广泛应用。具体来看，复合材料的性能优势主要体现在三个方面：首先是提高结构效率，复合材料具有高比强度、高比模量等突出优点，它的应用可显著减轻装备结构重量，从而增加有效载荷，节约能量，提高效率；其次是结构/功能一体化，可实现特殊功能，提高抗极端环境能力，进一步改善结构的安全性和功能性；最后是智能化，可提高材料对服役环境的感知和适应能力，并产生革命性的应用效果。

　　复合材料种类众多，既可作为结构材料，也可用作功能材料。复合材料构件精确制造技术直接影响构件的力学性能和功能特性，涉及多学科交叉、多技术融合，是国家原始创新能力和装备制造能力的集中体现，是制造业的战略制高点。复合材料构件精确制造技术包含构件设计及仿真，成形工艺及装备，加工工艺及装备，装配工艺及装备，检测、监测及评价和修复等方面，是复合材料发挥最大效益的关键。目前，高性能复合材料构件精确制造技术与装备作为战略资源长期掌握在美国、德国和日本等发达国家，对我国实行严密的技术封锁和设备禁运。与西方发达国家相比，我国复合材料制造仍存在制造过程自动化、数字化程度低等问题，难以实现成形过程精确控制，尤其在大型复杂构件制造中问题尤为显著，亟须将先进复合材料精确制造技术列为发展重点，助力我国早日登上复合材料研发与应用的国际高地。

2021 年 12 月，中国工程院及国家制造强国建设战略咨询委员会发布了《2021 中国制造强国发展指数报告》。报告指出，2015—2020 年我国制造强国发展指数由 105.78 增长到 116.02，中国制造业的体系完备且不断向中高端发展，正加速融入全球产业链，竞争力持续提高。在复合材料领域，构件总体呈现出向大型化、整体化、结构功能一体化方向发展的趋势，复杂构件精确制造技术与装备的需求迫切。复合材料构件高精密数控缠绕、数字化自动铺放、高精度损伤检测与修复等技术与装备已成为我国面临的"卡脖子"环节。亟须加快复合材料基础制造能力评估，准确识别"短板"环节，不断夯实基础，加速推动我国复合材料精确制造技术与装备迈入世界前列。

党的十九大以来，习近平总书记将科技创新摆在国家发展全局的核心位置，实施创新驱动发展战略，推进以科技创新为核心的全面创新，完善国家创新体系，加快建设科技强国。目前，我国已全面部署载人登月、深空探测、大飞机等重大专项和涉及"制天权"的系列重大工程，对复合材料构件的制造能力提出了更高的要求。保障和提升我国高性能复合材料的供给能力，突破我国大型复杂复合材料构件制造技术与关键装备，占领复合材料研发与应用的国际高地，把握我国在世界的"制天权"迫在眉睫。本书主要研究分析了复合材料构件精确制造的国内外发展现状及趋势，总结了我国取得的成绩与存在的问题，提出了面向 2035 年的发展目标、实施途径与政策建议，为航空航天、国防军工等高端装备领域广泛应用复合材料奠定重要战略支撑。

1.2 复合材料构件精确制造技术发展现状

复合材料的应用和发展对于实现高端装备的轻量化、绿色化、智能化具有重要作用。在航空航天领域，复合材料被用于制造箭体整流罩、壳体、发动机喉衬和喷管等关键部件，复合材料编织成形的 GEnx 发动机包容机匣可减重 363kg，助力航天器的轻量化。在轨道交通领域，中国中车集团有限公司发布了碳纤维复合材料地铁车辆，综合节能效率达 15% 以上。在船舶领域，复合材料已应用到雷达导流罩、声呐导流罩、螺旋桨等结构，在承载、耐冲击、耐蚀的同时兼具隐身和吸波等特性。在能源领域，我国风电装机总容量已跃居全球第一，风机叶片成为体量最大的单一复合材料产品，为高性能复合材料产业发展提供了巨大动力。

复合材料在航空航天、国防军工、轨道交通等领域应用范围不断扩大，全球复合材料产业的市场规模快速增长。以碳纤维复合材料为例，2020 年，全球碳纤维需求继 2019 年之后再次突破 10 万 t 级，达到 10.69 万 t。2021—2031 年，全球复合材料市场将进入令人瞩目的扩张期，市场规模的复合年增长率将超过 8%，市场规模逼近千亿美元。近年来，我国复合材料行业需求量的增长率每年保持 20% 以上，2020 年，我国复合材料的市场规模达到 2231.1 亿元。随着复合材料在航空航天领域应用比率的提高，我国复合材料的市场规模在 2025 年预计超过 3500 亿元。

通过专利与文献检索，分析对比了 2010—2021 年全球复合材料方向相关的基础研究与专利成果情况。近十年，全球复合材料专利的申请量逐年上升，共申请复合材料方向相关专利 60 余万件，获得授权专利 40 余万件，第一大专利来源国是美国，专利申请量占全球复合材料专利总申请量的 37.1%，我国占比 22.1%，排名第二。在期刊论文发表方面，近十年，全球复合材料方向论文发表逾 70 万篇，我国 2021 年成为第一大论文来源国，论文录用量占全球复合材料方向总录用量的 28%，第二名为美国，论文录用量占 19.8%。全球专利和论文数量变化趋势高度吻合，申请人主要集中在中美两国。然而，我国仍然需要面对复合材料技术发展"大而不强"的现实，亟须在高价值专利和高水平论文方面不断发力，为复合材料行业的发展提供持续的创新源动力。

随着全球新一轮科技革命和产业变革突飞猛进，复合材料技术不断突破，并与先进制造技术加速融合，成为工业发达国家战略必争资源。目前，世界处于百年未有之大变局，国际环境日趋复杂，工业强国均将复合材料精确制造技术作为抢占科技产业竞争的前沿和焦点，加紧谋划布局。美国建立了聚合物和复合工程中心、复合材料制造技术中心和国家复合材料中心等国家级研究机构，日本将碳纤维复合材料作为战略发展项目纳入"能源基本计划""经济成长战略大纲"和"京都议定书"等多项国家计划。我国在《中国制造 2025》和"深入实施制造强国战略"中将先进复合材料列为发展重点，力图争夺全球复合材料产业的新一轮竞争制高点。

全球复合材料产业发展迅速，创新成果不断涌现，行业竞争日益激烈。发达国家在复合材料制造技术与装备领域占据领先地位，行业龙头企业主要集中在美国、欧洲和日本。其中，美国全面领跑，日本的优势在碳纤维复合材料生产和制备，欧洲在复合材料成形装备等方面优势明显。我国处于全球复合材料产业第二梯队，在复合材料设计理论、仿真软件、高端成形技术与装备、加工装配及检测修复上距世界一流水平仍有差距，但我国具有制造业体系完整、市场规模大、人才潜力大等优势。近年来，欧美国家加强了对航空航天、国防军工等领域高端复合材料制造装备出口中国的政策管控，导致国内复合材料产品的供应难度进一步加大。因此，亟须立足全局视角，对比分析我国与世界先进技术差距，提出我国面向 2035 的复合材料构件精确制造技术发展目标和发展建议，推动重大科学创新和关键技术突破，为国家重大工程和重要型号工程提供高质量科技支撑。

1.3　面向 2035 的技术发展目标及发展建议

1. 技术发展目标

为更好满足高端装备的复杂使役条件和苛刻重量约束，全球复合材料构件向大型化、整体化、结构功能一体化方向发展，迫切需要高性能、高精度、高效率、低成本的复杂复合材料构件精确成形制造技术与装备，特别是航空航天等国防装备，对纤维复合材料提出了超轻量化、超高承载、极端耐热和高可靠性等高性能指标要求。面向 2035 年，亟须在复合材料构件设计理论及仿真，复合材料预制体数字化成形技术与装备，复合材料构件成形工艺及装备，复合材料构件增材制造技术与装备，复合材料构件加工技术及装备，复合材料构件装配工艺及装备，复合材料构件检测、监测及评价和复合材料构件修复技术与装备等方面开展研究和关键技术攻关，具体发展目标如下：

1）在复合材料构件设计理论及仿真方面，快速追赶国际先进水平，研发自主可控的仿真设计软件，争取达到并跑水平。着力突破复合材料构件不同尺度下的损伤原位表征技术，真实服役环境下复合材料构件力学性能的分析技术，实现真实复合材料构件的数据驱动仿真，高效准确地预测构件复杂的力学响应；实现复合材料构件的多尺度、多场、多过程设计理论与耦合计算仿真方法。

2）在复合材料预制体数字化成形技术与装备方面，紧跟先进复合材料预制体数字化成形工艺方法，实现核心技术与装备的自主可控，缩短与国际先进水平的差距，实现从跟跑到并跑。要重点突破国产化编织技术与装备、机织技术与装备、针刺技术与装备、柔性导向成形技术与装备及配套生产线，实现复合材料预制体数字化成形技术与装备自主可控，进一步提升话语权，引领复合材料预制体数字化成形技术与装备产业的技术进步。

3）在复合材料构件成形工艺及装备方面，紧密跟随国际技术装备发展的最新方向，尽快补齐短板，突破国产化的核心技术与装备，整体上做到与发达国家并驾齐驱，在个别具有优势的领域实现弯道超车。具体要面向重点工程应用，突破高效高柔性自动铺丝铺带技术与装备、高精度液体成形技术与装备、纤维缠绕成形技术与装备、热压成形及非热压成形技术与装备，实现复合材料构件数字化、网络化、智能化制造，建立起统一的多学科建模、设计、仿真、分析、优化、智能运行及制造平台。

4）在复合材料构件增材制造技术与装备方面，需要注重原始创新与科技前沿发展，力争寻找到新的技术突破点，达到领跑水平。重点需要解决层间黏合、树脂纤维界面结合调控等关键技术难题，突破精细结构复合材料构件增材制造的关键技术，极端服役环境下的增材制造成形技术与装备，曲面路径规划与多自由度增材制造成形技术与装备，实现纤维增强高温高性能热塑树脂基复合材料对传统热固性复合材料的替代应用，主导制定系列化复合材料构件增材制造的标准与评价方法。

5）在复合材料构件加工技术及装备方面，利用市场规模大等优势迅速补齐理论基础与工业数据库，指导加工刀具及装备的研究方向，快速迭代升级工程化加工装备和生产线，追赶国际先进水平。研发复合材料专用铣削刀具，突破螺旋铣孔技术、低频振动制孔技术、超声振动辅助磨削技术等新工艺方法，解决螺旋铣孔的孔径尺寸与孔壁残余压应力问题，自主制定出全面的复合材料加工质量检测的国际国内标准与评价方法，自主建立出国际先进的高质量全天候复合材料加工生产线，实现规模化、集成化、自动化、数字化、智能化的复合材料加工。

6）在复合材料构件装配工艺及装备方面，利用我国信息化发展和建设的优势，着力突破网络化、智能化的装配工艺与装备，建设全自动装配流水线，达到国际一流水平，引领技术发展。重点研究复合材料构件几何外形表达技术、复合材料构件尺寸偏差控制技术、复合材料构件低应力装配技术、柔性定位技术，通过机器学习及深度学习等技术，根据不同的构件外形偏差情况，预测出执行机构的最优布局，在实际装配之前完成对构件外形的变形补偿，实现复合材料构件准确装配。

7）在复合材料构件检测、监测及评价方面，需要弥补基础理论研究和工程应用的不足，实现检测监测技术与装备的升级迭代，同时努力寻找新的技术突破点，争取达到国际先进水平。着力解决 CT 技术高昂的计算成本和复杂的检测环境成本问题，使其可以便捷地、规模化地应用于复合材料构件生产检测环节；建立具有多维特征的快速可视化检测手段，实现检测设备的集成化和小型化，提高大型复合材料构件结构内部缺陷检测的可检性与可靠性；结合智能控制系统，实现智能化、自动化的无损检测新方法、新装备，与未来复合材料智能制造和全寿命设计进行无缝对接；发展多物理场综合检测技术，通过多源传感信息的有效融合，结合先进的大数据处理方法，实现复杂复合材料构件结构的损伤自诊断及寿命预测。

8）在复合材料构件修复技术与装备方面，依托国内庞大的市场及国产化复合材料和装备，研发符合自身实际情况的、具有特点特色的复合材料构件修复技术与体系，同时提高在国际上的话语权，将修复技术、装备和标准推向世界，坚实地占据一席之地。建立国产碳纤维复合材料构件结构修复容限标准，构建国产碳纤维复合材料构件修复及修复后质量验证标准体系；完成复合材料构件无损检测与自动化修复联动综合设备开发，实现自动损伤检测和修复，实现国内复合材料构件修复平台搭建，开展复合材料构件自感知、自适应、自修复技术研究工作，发展新型自修复材料原理、方法与实现技术途径。

总的来说，预计经过数年的发展，到 2035 年，我国可以初步迈入第一梯队行列，自主研发的高性能纤维、高质量复合材料构件可满足航空航天、国防军工、轨道交通等领域重大需求，复合材料构件制造关键技术及装备的自主可控率达到 90%；再经过 15 年的发展，到 2050 年，我国复合材料构件精确制造争取达到世界一流水平，关键技术及装备的自主可控率达到 100%，自主研发的高端复合材料构件制造技术与装备实现创新引领，形成具有国际竞争力的纤维复合材料世界先进产业集群。

2. 发展建议

以习近平新时代中国特色社会主义思想为指导，深入贯彻党的二十大精神，按照党中央、国务院对制造业转型升级的决策部署，坚持"创新驱动、应用牵引、基础提升、融合发展"，面向国家关键领域重大工程急需，着力突破核心技术，着力夯实科研基础，推动复合材料制造技术高质量发展。

（1）加强基础研究，突破关键核心技术 聚焦国家重大战略需求，建议科学技术部、国家自然科学基金委员会在国家自然科学基金、国家重点研发计划、国家科技重大专项等项目中加大对纤维复合材料构件制造技术与装备研究方向的支持力度，重点加强前瞻性探索，攻克高性能纤维复合材料构件的设计仿真、成形制造等基础共性技术，研发大型复杂复合材料构件预制体数字化成形、纤维复合材料构件增材制造和高精密数控缠绕等关键技术与系统装备，制定相关技术规范标准，解决多学科交叉融合问题，实现纤维复合材料产业的自主可控。

（2）强化创新机构建设，完善产学研协同创新机制 建议工业和信息化部、科学技术部支持建设纤维复合材料构件制造技术与装备等国家制造业创新中心和国家级实验室，突破高性能纤维复合材料构件研发与数字化结构设计、低成本成形制造等技术，推动复合材料产业的材料、设计、制造和使用全产业链协同发展。支持建立纤维复合材料技术与装备公共服务平台，提供高质量检测监测和咨询诊断等公共服务。支持建设纤维复合材料构件制造技术与装备等领域的国际合作联合实验室，提升纤维复合材料构件制造技术与装备发展的国际交流水平。

（3）加大政策支持，培育全球领先产业集群　建议国家发展和改革委员会、工业和信息化部研究出台先进纤维复合材料产业发展专项中长期规划，加强对纤维复合材料产业的政策性引导，支持复合材料领域企业创新发展，持续推进国产纤维复合材料在重点行业与领域的工程应用。加强纤维复合材料企业税优惠政策支持，鼓励国家相关产业基金、社会资本加大对纤维复合材料领域的投资力度，打造多元化的融资渠道，调动和增强社会各方力量参与的主动性、积极性，支持纤维复合材料产业高质量发展，支撑制造强国建设。

第 **2** 章
复合材料构件设计理论及仿真

2.1 技术内涵概述

在复合材料构件的生产中设计起到主导作用。由于复合材料具有各向异性、非均匀性和性能分散性，复合材料构件的设计与金属材料不同，需要考虑纤维含量与排布、基体选择、细观单元形式、宏观结构优化、连接结构设计等。如图 2-1 所示，复合材料构件通常采用自上而下的"积木式"设计方法，包含系统、子系统、部件、组件、元器件和材料等多个层级。在此基础上，借助计算能力及计算方法的发展，考察复合材料构件在不同尺度下的力学行为，实现复合材料构件自下而上的仿真评估，并最终预测复合材料构件的强度、刚度、疲劳、可靠性等性能。

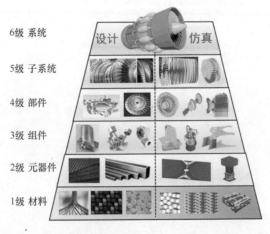

图 2-1 复合材料构件的"积木式"设计及仿真

复合材料构件设计理论及仿真技术可分为多场多尺度设计理论、动力学设计理论、数据驱动仿真方法、强度与寿命仿真评价。复合材料构件设计理论及仿真手段与软件的发展密不可分，具体可分为前后处理、仿真分析、数据交互、数字孪生平台等层次，如图 2-2 所示。目前，复合材料构件设计及仿真软件市场规模日趋壮大。然而，国产软件占比较少，并且面临国外软件的禁用风险，因此亟须开发具有自主知识产权的复合材料构件设计仿真软件。同时，随着航空航天、国防装备的快速迭代升级，日益严苛的服役环境对传统复合材料构件的设计理论与仿真方法提出了严峻挑战，亟须形成满足超轻量化、超高承载、极端耐热和高可靠性等指标，并实现隐身、透波、抗爆、防火、减隔振等多种功能集成的设计理论及仿真方法。

图 2-2 复合材料构件的设计仿真软件

国内外相关单位在此方面开展了大量的研究工作。美国空军实验室和英国剑桥大学等单位，突破了多功能复合材料构件优化设计与仿真方法，以及多参数多目标协同优化算法，研制出集承载、防热、隐身于一体的新型高性能复合材料构件，并在高超声速飞行器、新一代舰船等武器装备中得到应用。近年来，大连理工大学、西北工业大学、哈尔滨工业大学、北京理工大学、武汉大学、航天材料及工艺研究所等单位，在多尺度多场耦合优化设计理论、数据驱动优化方法、材料及结构多尺度模拟等方面取得了一定进展。从宏观-细观-微观多尺度角度发掘复合材料中材料与结构的潜力，突破现有设计理论与仿真方法的极限。

与西方发达国家相比，我国复合材料构件设计理论与仿真方法仍存在以下差距：一是尚未完全建立复合材料构件多场多尺度设计理论与优化方法，限制了装备构件的轻量化水平和功能特性；二是对复合材料构件动力学设计理论认识不够，导致复杂构件真实服役预测难，性能和设计偏差大；三是缺乏复合材料构件的数据驱动仿真方法，难以实现从以往所用的材料多尺度模拟转变成当前结构多尺度模拟形式，给大型复合材料构件中的结构性能设计和预测带来较大影响；四是缺乏复合材料构件强度与寿命仿真评价方法，亟须研究复合材料构件的力学行为、本构关系、强度理论，配合虚拟分析试验，形成真实与虚拟试验结合的构件强度评价方法。复合材料构件设计理论与仿真的发展路线如图 2-3 所示。

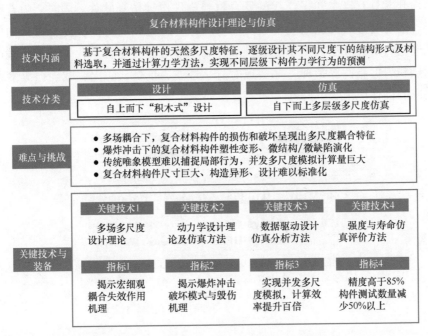

图 2-3　复合材料构件设计理论与仿真的发展路线

2.2　重大工程需求分析

1. 复合材料构件的多场多尺度设计理论

先进装备的快速发展对复合材料构件服役环境提出越来越严苛的要求。在高温氧化、化学腐蚀、电磁环境等极端和复杂环境下，复合材料构件会产生强烈的多物理场耦合行为，其变形、损伤及破坏是多种机理彼此影响和相互耦合作用的结果。在航空航天、国防军工、轨道交通等多个领域，许多复合材料构件服役在复杂的多场环境下，涉及力、化、光、电、磁等多场的相互耦合作用。例如，高温环境下的复合材料构件涉及力学与化学（如氧化、腐蚀、烧蚀等）的耦合，不仅存在溶质组分的扩散和聚集等物理过程，还伴随着氧化反应等化学过程，表现出非平衡、非稳态、多介质、强非线性、强耦合等复杂特征。对在多场环境下服役的复合材料构件，传统的单纯以力学量（应力、应变或变形能等）为基础的设计理论和失效准则不再适用，亟须发展多场多尺度的设计理论和仿真评估体系。另外，复合材料构件在细观尺度单元中包含大量纤维，若采用考虑基体和纤维所有微观特征的设计和计算方法，其计算时间成本和经济成本都较高。为了同时刻画复合材料构件宏观和细观尺度多场耦合变形、损伤和破坏行为，一种可行的实现方式是多尺度方法。其核心思想是分别在宏观和细观两个尺度开展多场耦合设计和计算，同时建立尺度关联，该方法已在复合材料热-力耦合、磁-电-力耦合等方面得到初步应用。图 2-4 所示为丹麦技术大学对机翼进行的多层级优化设计。

图 2-4　机翼多层级优化设计

多场耦合环境下复合材料构件的变形、损伤失效机理、服役安全及耐久性设计是一系列国家重大需求中亟待解决的共性关键科学问题。我国在多场耦合的复合材料构件变形、强度等可靠性设计和结构完整性仿真评价等相关基础设计理论及多尺度仿真方法方面存在很大发展空间。因此，发展多物理场耦合条件下复合材料-结构一体化多尺度设计理论体系是一项重要且具有挑战性的科学任务。

2. 复合材料构件动力学设计理论及仿真方法

复合材料构件正在被更加广泛地应用到国防领域中，因此更加严苛且复杂的服役环境，如爆炸、冲击、振动等，对复合材料构件动力学设计理论与仿真方法提出严峻挑战。基于现有的纤维增强树脂基复合材料体系，如何从材料固有属性出发，突破材料结构一体化设计极限，发展真正面向实际动态服役情况，具备抗爆、抗冲击、减隔振性能的复合材料构件动力学设计与仿真体系，是高性能复合材料构件在未来国防装备中应用的重要保障。美国等西方国家在复合材料结构抗冲击、抗爆炸性能研究方面，已经进行了数十年的基础研究和工程应用开发，形成了比较系统的复合材料构件设计与仿真体系，并在此基础上形成了比较完整的复合材料抗爆、抗冲击、减隔振动力学设计和仿真标准，如图 2-5 所示。我国在这方面仍存在以下差距：一是对高性能复合材料构件结构在动态载荷下的损伤演化规律认识不够，无法对结构性能做出准确预测；二是缺乏针对复合材料构件结构抗爆、抗冲击、减隔振功能一体化的设计理论与仿真，无法充分发挥复合材料在动态荷载下应有的性能与特征优势。

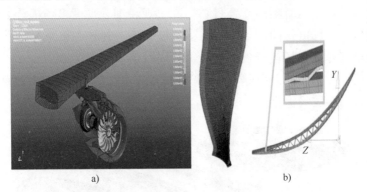

图 2-5　航空发动机叶片动力学优化设计

a）航空发动机叶片仿真　b）航空发动机叶片动力学设计

3. 复合材料构件的数据驱动设计仿真分析方法

先进工业领域对高性能复合材料构件的需求与日俱增，但现有的设计与仿真手段难以实现成倍缩短复合材料设计研发周期、复合材料构件大批量虚拟试验、多尺度力学行为表征等目标。在基于经典范式的单机串行求解体系下，对于复合材料构件的大规模复杂仿真问题，计算效率的提升空间已逼近极限。随着数据科学和人工智能的快速发展，复合材料构件仿真方法的研究范式已经发生了根本性的变化。在经典范式（试验、理论、计算）发展趋于成熟后，数据科学正逐渐成为科学研究的第四范式。以数据驱动、人工智能、数字孪生为代表的大数据科学手段可显著降低算力和时间成本，为复合材料构件的高效研发与快速评估提供了新思路，因此亟须发展以高质量数据库和高效率数据驱动算法为核心的仿真方法。

复合材料构件在不同尺度上具有不同的材料特征，在复杂载荷下，复合材料构件的损伤和破坏也具有多尺度特征，传统的唯象方法只能表征宏观尺度下的平均性能，无法有效表征复合材料构件在细观及微观尺度下的力学行为。传统的计算方法则停留于对代表性体积单胞的求解，只能得到细观或微观尺度上的力学响应，无法有效与复合材料构件的宏观性能进行关联。多尺度分析方法可以有效捕捉复合材料构件的宏-细观力学行为，但目前面临计算效率低，求解自由度大等困难。因此，需要引入数据科学领域的数据驱动算法，开拓该方法与经典力学方法相融合的多种计算模式，打造如图 2-6 所示的多模块协同作用的复合材料构件数据驱动仿真平台，为复合材料构件提供从材料设计、制备到结构性能评估的全产业链支撑。

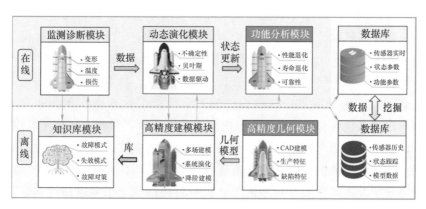

图 2-6　多模块协同作用的复合材料构件数据驱动仿真平台

4. 复合材料构件强度与寿命仿真评价方法

随着当前工业的飞速发展，更多的行业正在加速探索与拓展先进复合材料构件的应用场景。例如，中车青岛四方机车车辆股份有限公司将复合材料构件用于高速磁浮列车车体、司机室和悬浮架，较铝合金减重 30% 以上，寿命延长 5 年以上，综合性能满足高速磁浮列车强度、撞击和振动等要求。但是，复合材料构件的物理检测却常常面临尺寸巨大、结构异形、测试方法难以标准化，以及测试成本高、周期长等问题，不仅需要大型测试设备和设计复杂的试验工装，而且所获得的变形、疲劳寿命等数据往往非常有限。因此，开展静载、动载及复杂环境条件下复合材料构件强度与寿命仿真技术（见图 2-7）是保障重大工程和高端装备服役安全性的重要措施。

a)　　　　　　　　　　　　　b)

图 2-7　航空发动机强度分析

a）航空发动机　b）仿真技术强度分析

2.3 复合材料构件设计理论及仿真发展现状

1. 复合材料构件多场多尺度设计与仿真技术

复合材料构件在高温、氧化等复杂环境下的多物理场耦合变形、损伤与破坏行为研究及多尺度计算等方面已引起国内外学者的广泛关注。复合材料构件的热氧化涉及热学、化学、力学的高度耦合，从多尺度对其热学-化学-力学耦合行为进行设计分析与仿真是一个具有挑战性的课题。早期的研究大多是通过加速热氧老化试验来开展复合材料构件的力学性能退化和寿命预测研究，利用 Arrhenius 定律来预测材料后期力学性能。该方法在一定程度上体现了反应/扩散与力学的弱耦合，即考虑了化学场和热场对力学的影响，但并未考虑力学变形对热反应和化学扩散的影响，并没有建立复合材料构件多场耦合理论。北京理工大学方岱宁院士课题组针对超高温复合材料构件建立了考虑塑性和蠕变的相场氧化模型，讨论了氧化过程中保护性氧化层的力学失效机理，并对其力学行为中孔洞缺陷和初始粗糙表面展开研究。另外，该课题组基于热力学建立了一种考虑质量扩散、氧化反应、黏弹性有限变形耦合连续介质模型，研究了 SiC 纤维在超高温氧化过程中表面裂纹的形成机理。Gigliotti 等人基于热力学框架建立了化学-力学耦合的本构理论，以预测热氧化复合材料的本构响应。目前，多尺度复合材料构件热学-化学-力学多场耦合设计理论与仿真方法还存在很大发展空间，如现有方法仅考虑了聚合物的弹性变形，而实际复合材料由于基体的收缩会产生微裂纹损伤，同时其力学响应表现出明显的塑性变形特征。

2. 复合材料构件动力学设计理论及仿真方法

复合材料构件设计理论与仿真方法的研究目前已逐渐从准静态响应过渡到动态响应及可变构型等方面。一个重要的研究方向是建立冲击、疲劳载荷下复合材料构件强度理论、损伤预测模型及多尺度的仿真方法等方面，特别是结合复合材料构件从静态、动态及循环载荷条件下的强度设计理论和仿真工作，对构件复杂加载模式下的损伤力学理论进行探索；另一部分工作集中在双稳态和多稳态复合材料构件设计与反演理论方面，将层压复合材料构件作为一种变形结构的设计平台，通过设计各层的约束、自适应和预应力以实现构件形状和刚度的大范围控制。

3. 复合材料构件数据驱动仿真方法

数据驱动仿真方法，即以大量数据来驱动材料及结构计算的一种力学分析方法，旨在降低与本构建模、多尺度模拟相关的人力与时间成本。根据数据驱动方法在模拟中的不同策略，该方法可以大致分为以下两类。

1）基于能量/距离泛函的数据驱动仿真方法，通过对材料本构数据进行拟合分析来获得其等效本构关系或等效应变能密度函数，在计算力学框架下通过能量/距离求极值来得到问题的解。Yvonnet 等人率先使用本构数据来拟合非均质材料的显式等效应变能密度函数，进而获得材料的等效本构关系。大连理工大学使用神经网络来训练材料的隐式等效本构关系，在降低训练所需样本的同时，也显著提升了仿真的效率。美国加州理工学院 Ortiz 课题组首先提出了基于距离泛函的数据驱动算法，通过对本构数据点与满足守恒定量点的距离求极值，在不需要数据拟合的情况下求得响应。

2）基于聚类分析的数据驱动仿真方法，通过对复合材料构件的细观代表性胞元（representative unit cell，RUC）分块或粗粒化来降低仿真的求解规模。美国西北大学 Liu 课题组在此方向上首次提出了基于数据驱动的自洽聚类分析（self-consistent clustering analysis，SCA）方法，首先在离线阶段计算高保真 RUC 模型每个单元的弹性应变响应，然后基于此弹性响应进行聚类分析，将高保真 RUC 模型压缩为基于聚类的缩减 RUC 模型。基于数据驱动的 SCA 方法极大地提升了复合材料细观 RUC 的求解效率，有望实现大尺寸构件的并发多尺度模拟。

4. 复合材料构件强度与寿命仿真评价方法

传统材料的结构设计理念主要基于损伤容限理论，采用静力法、动力法、无损检测等在设计阶段就大体确定了构件的使用寿命。例如，对复合材料结构采用静载试验或无损检测手段，获得复合材料构件的强度、刚度及抗裂性等参数，并通过与相应理论值的对比完成对结构当前状态的评估；对纤维增强复合材料结构采用动力法，像起振设备、大偏心质量振动器、液压起振器等，输入激励，通过对不同测点记录信号的频谱分析得到的结构固有频率、振型和阻尼等动力参数，据此分析结构的动力学性能，为结构安全状态的评估提供依据。然而，由于纤维复合材料制造和使用过程中的复杂环境，复合材料构件在制造和使用阶段会不可避免地产生初始缺陷，导致复合材料构件的使用寿命具有较大的分散性。因此，对复合材料构件剩余寿命的定期评估十分必要。

针对不同尺度下复合材料构件强度和刚度检测，研究人员完成了大量的原理验证及各检测原理下的试验样机研制，但各检测方法的工程应用仍面临诸多问题。例如，实际工况下对各测量物理量对应的结构特征参数的准确提取是难点之一，这是由于工程中结构件的尺寸较大、外形较复杂，使得结构的不同区域的测量信号特征有所不同。此外，测量信号还易受到环境温度、振动、结构件形状及表面状况等参数变化的影响。为实现面向工程应用的结构参数特征提取，首先，对于大尺度损伤的检测，一般需要进行损伤大小、形状、位置的成像，应考虑扫查过程中扫描投影对损伤成像坐标的影响，补偿其引起的检测结果误差。其次，对于小尺度缺陷的检测，一方面可以对各缺陷进行直接成像，如涡流、X 射线、红外热成像、太赫兹成像等，检测结果补偿问题与大尺度损伤类似；另一方面可以通过识别小尺度缺陷引起的结构材料参数变化判断缺陷程度，如超声导波检测等，此时需考虑补偿环境温度等因素对识别结果的影响。

近年来，科学家将温度传感器、分布式光纤光栅传感器等内置于一体成形的复合材料中，实现了复合材料构件服役性能和状态实时监控和检测，以及对复合材料内部的缺陷和损伤进行完整性评估。随着工业物联网和人工智能的进步，预测性维护变得越来越高效。成功应用预测性维护策略的核心点是准确建模和预测故障模式。在这一领域，研究人员已经使用从统计方法到基于机器学习的方法等多种方法进行了研究。例如，采用机器学习方法来探索剩余寿命预测，以及基于深度神经网络，如卷积神经网络（convolutional neural networks，CNN）、自动编码器、循环神经网络（recurrent neural network，RNN），从原始数据中进行深度学习进而表征复合材料的强度特性。此外，一些研究人员将统计和传统的机器学习方法结合起来以探索复合材料的损伤和疲劳寿命特性。

2.4　面向 2035 的复合材料构件设计理论及仿真关键技术

2.4.1　复合材料构件多场多尺度设计与仿真技术

随着复合材料构件面向高温、化学腐蚀等极端和复杂服役环境的逐步应用，考虑热、化、力等多物理场耦合的复合材料多尺度设计与仿真技术已成为国内外学术界和工程界共同关注的技术热点和前沿方向。为了发展多物理场完全耦合的复合材料多尺度设计和仿真技术，需重点关注和解决的关键科学和技术问题包括：综合采用理论、数值和试验的研究手段，采用微观-细观-宏观、自下而上的研究思路（见图 2-8），系统开展复合材料构件典型的热学-化学-力学等多场耦合变形与破坏的多尺度研究，形成多场多尺度设计理论体系；发展多场耦合下聚合物基体及纤维的热学-化学-力学等完全耦合理论模型，揭示温度、氧浓度、氧化时间等因素对复合材料组分弹塑性变形和损伤演化的影响规律；建立复合材料细观胞元均匀化的多场耦合本构关系及失效准则，实现复合材料耦合变形与损伤失效评估；发展复合材料多场耦合变形与破坏的高效率多尺度计算方法，从宏观、细观、微观尺度揭示服役条件对耦合变形、损伤演化与破坏的影响机制，形成材料-结构一体化的多场多尺度设计理论和结构完整性评价体系。

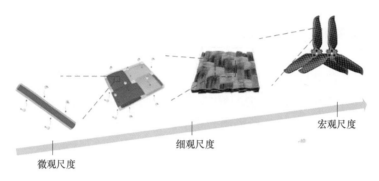

图 2-8　多场耦合环境下复合材料构件微观-细观-宏观多尺度模型

2.4.2　复合材料构件动态本构行为与复杂结构动力学设计及仿真

随着复合材料构件在航空航天高端装备应用的逐步提速，对复合材料构件的抗爆炸冲击和减隔振等动力学性能要求越来越高。现有的复合材料构件抗爆炸冲击及减隔振等设计与仿真模拟涉及的动力学因素较少，并未考虑载荷的时空特性及材料/结构的动态性能演化，难以满足装备的真实服役和使用需求。随着材料-结构-功能一体化设计研究的快速发展，各种新型多功能复合材料构件相继得到开发和利用，它们为材料动态响应行为的研究带来了全新的发展空间和契机。近年来，复合材料动态本构关系、多尺度防护设计理论、爆炸冲击高效计算方法等是复合材料构件动力学设计理论与仿真技术最具活力的前沿方向。

爆炸冲击毁伤振动过程涉及多材质在高速、高温、高压等极端条件下的动态物理力学行为。冲击载荷具有历时短和高幅值的特点，复合材料构件在爆炸冲击毁伤过程中承受的冲击压力远远超过其屈服极限。在超高应变速率（远超 $10^4\mathrm{s}^{-1}$）下，构件中塑性变形、损伤及断裂的物理机制将发生很大变化，甚至出现融化、汽化等复杂的相变过程。为了合理形成复合材料构件在高应变速率下的变形与破坏机理、设计理论，不仅需要综合考虑构件的惯性效应、应变速率效应，还要考虑构件在高应变速率下特有的缺陷演化、相变等复杂过程。现有的复合材料动态本构模型大多基于一维应力或一维应变试验，并且仅描述了材料在较低应变速率和压力下的力学行为，难以描述在超高应变速率下构件中出现的缺陷演化、相变等复杂力学行为。目前，受加载与测量技术发展的制约，复合材料在超高应变速率下的变形机理和动态本构理论的研究尚不深入，制约了构件动力学设计水平。复合材料构件的动力学设计与仿真技术可以准确预报复合材料构件的动态力学行为和性能，探明动载荷时空特性和构件宏观、微观瞬态响应机制，揭示复合材料构件爆炸冲击振动破坏模式与毁伤机理，是复合材料构件在装备中应用的"卡脖子"技术。

在高应变速率和动载荷下复合材料构件的变形机理及设计理论上，突破微秒/皮秒量级复合材料构件的动态仿真方法。在超高应变速率下复合材料构件的变形机理及设计理论上，得到超高应变速率下复合材料构件塑性变形、微结构/微缺陷演化，以及相变的物理机制和动态力学行为仿真方法。在超高应变速率下复合材料构件的变形机理及设计理论上，建立基于微观物理机制的复合材料构件动强度模型、设计理论和仿真技术。面向复合材料构件工程应用领域，建成面向复合材料构件的基因工程，实现材料结构一体化、结构功能一体化、设计制造一体化、检测预测一体化的"四化"战略目标，显著提高我国先进复合材料构件的研发效率。在先进复合材料构件优化设计理论与方法上，建立流固耦合、爆炸冲击等复杂载荷作用下复合材料构件动态响应的优化设计理论与方法，以及基于动态均匀化理论、面向波动行为精准控制的复合材料构件多尺度优化设计理论与方法。

2.4.3 复合材料构件数据驱动设计与仿真技术

随着高性能计算集群及计算力学的发展，复合材料构件的仿真进入了全新的阶段，以大数据、人工智能为核心的数据科学算法，可以解决传统"一次试验、一次模拟"方法的弊端，通过多次高精度模拟，建立复合材料构件的仿真数据库。目前，复合材料构件的数据驱动仿真方法正处于初始发展阶段，国外已率先开展相关数据驱动计算方法的前沿工作，已取得一些原创性仿真方法，如深度材料网络、自洽聚类分析等，国内相关研究较少，亟须追赶。

数据驱动并发多尺度仿真的核心是建立材料/结构数据库，重点是将数据驱动算法引入计算力学的控制方程中，属于多学科、多方法交叉融合领域，突破材料多尺度和结构多尺度的仿真技术，构建材料基因库与结构基因库并重的材料结构一体化设计评估方法。在数据库方面，将材料属性与结构变形耦合，发展材料构件一体化基因数据库，生成可靠的材料结构孪生数字体，将材料基因与结构基因融入数据驱动仿真中，发展基于物理机制驱动的计算力学新方法，发展多范式耦合下的高通量、高精度交互计算平台。在细观尺度下，实现代表性体积单胞的极速求解；在宏观尺度下，实现复合材料构件宏观-细观双向耦合并发多尺度模拟；最终形成集监测/损伤反演/高精度建模/结构响应预测等多模块于一体的数据驱动仿真平台。

2.4.4　复合材料构件强度与寿命仿真评价方法

目前，国内外研究学者已经提出了多种复合材料强度与破坏理论，但针对复杂多场耦合环境下具有特定微观、细观结构及复杂宏观结构的复合材料构件，需要研究建立更精确、成本低廉的渐进式疲劳损伤模型，以更全面地预测失效模式及受静态和疲劳载荷影响的复合材料的失效机理，建立结合微观力学与有限元分析、损伤和断裂跟踪及缺陷建模相结合的先进计算技术，降低与此类缺陷相关的损伤分析与疲劳评价手段，形成对真实环境条件下高/低周复合疲劳载荷的载荷谱、表面性能和累积损伤规律等进行精确描述和疲劳寿命评价。发展超高周疲劳失效机理与寿命预测理论、构件宏微观断裂力学与强度理论、尺度相关损伤理论、构件多尺度损伤辨识理论和方法。借助 CT 扫描等技术重建材料微结构，形成材料级、构件级和结构级三个层次上的复合材料构件强度与寿命的仿真试验。基于仿生材料设计理念，建立增强损伤容限和力学性能的复合材料构件的损伤和疲劳模型。基于数据驱动和人工智能算法，进行数据训练和深度学习，发展可靠的、高效的复合材料构件损伤特性和疲劳寿命评估方法。

2.5　面向 2035 的复合材料构件设计理论及仿真发展目标与技术路线图

2.5.1　发展目标

到 2025 年左右，实现不同环境下复合材料构件多尺度的损伤原位表征方法与技术；实现超高应变率下复合材料/结构爆炸冲击响应试验表征方法；完成基于数据驱动计算固体力学框架的搭建；在多场耦合作用下大型复合材料构件的强度与寿命设计理论方面，预计可形成复合材料构件的宏-细-微观强度及破坏理论。

到 2030 年左右，实现复合材料构件的多场多尺度设计理论及其数值计算方法；实现爆炸冲击载荷下复合材料/结构动力学设计理论及数值计算方法；实现基于数据驱动的复合材料构件表征理论及计算方法；实现复合材料构件内部多维缺陷耦合动力学设计理论及微结构演化仿真技术。

到 2035 年左右，实现真实服役环境下复合材料构件力学性能的分析技术，揭示复合材料细观结构变化对宏观构件力学性能的影响；实现爆炸冲击载荷下复合材料/结构毁伤效应评估；实现真实复合材料构件的数据驱动仿真，高效准确地预测构件复杂的力学响应；实现复合材料构件的多尺度、多场、多过程设计理论与耦合计算仿真方法。

2.5.2 技术路线图（见图 2-9）

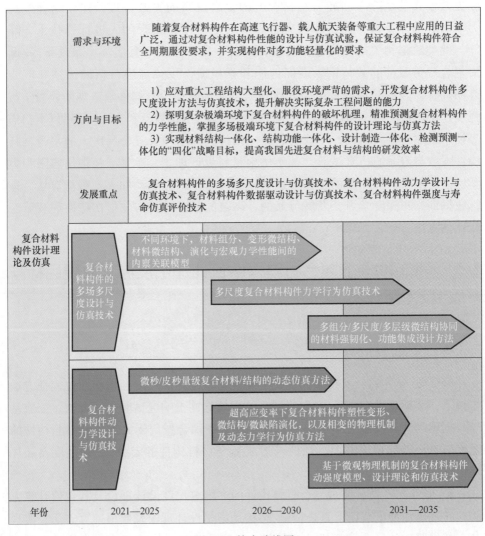

图 2-9　技术路线图

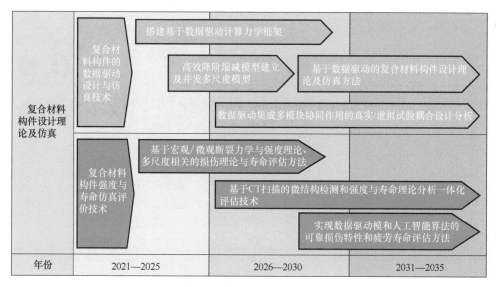

图 2-9　技术路线图（续）

第 **3** 章

复合材料预制体数字化成形技术与装备

3.1 技术内涵概述

　　复合材料预制体成形是一种利用纺织或其他定形技术，按照所需形状预先将纤维材料制备成特定结构的制造技术。在生产过程中，使用高性能纤维按照复合材料构件形状制造复合材料预制体，能够实现内部组织结构的连续性及整体的稳定性，从而显著提升最终复合材料构件的力学性能，同时预制体成形通常是近净成形方式，可以减少后续材料的加工难度和成本。

　　复合材料预制体根据空间几何结构通常分为单向结构复合材料、二维结构复合材料、2.5维结构复合材料、三维结构复合材料和三维多向结构复合材料，如图3-1所示。单向结构复合材料通常由纤维按照某一方向铺放而成，其结构简单，制备工艺简单，因此应用广泛，但单向结构复合材料沿着纤维轴向方向性能远远优于其余方向，其性能具有明显的各向异性。二维结构复合材料通常由机织、针织等工艺制备而成，典型结构有缎纹、斜纹和平纹等，二维结构复合材料的面内性能优于面外性能，其制备工艺较为简单，但其厚度相对较小，必须要运用多层铺叠的形式才能够达到厚度需求，此外，二维结构复合材料层间性能较差，易发生分层破坏。2.5维结构复合材料介于二维和三维结构复合材料之间，其最明显的特征是纤维与预制体厚度方向呈某一角度，增强了预制体层间性能，通常包括浅交弯联、浅交直联和深角联等，具有设计灵活、层间性能好等优点。三维结构复合材料可采用三维编织、针刺和多轴向机织等工艺制备而成，其最明显的特点是纤维贯穿预制体各个方向，预制体呈现出很强的整体性和可设计性，其整体结构性能呈各向同性，克服了其他结构复合材料特定方向性能不足的缺陷。

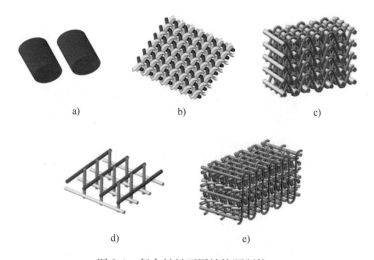

a)　　　　　　　　b)　　　　　　　　c)

d)　　　　　　　e)

图 3-1　复合材料不同结构预制体

a）单向结构　b）二维结构　c）2.5 维结构　d）三维结构　e）三维多向结构

美国、日本和欧洲在复合材料预制体成形技术方向研究起步较早，工艺和装备的自动化、数字化水平较高。国内预制体的研究还处于设计-试验-改进不断循环的初始阶段，预制体的制造过程仍主要依靠手工或机械工具辅助半自动化生产，亟须发展高精度、高性能复合材料预制体自动化成形技术与装备，突破数字化结构建模与高效成形、复合材料构件形性匹配与精确调控、数字化成形装备与系统实现等关键技术，以更好地满足重大工程建设需求。复合材料预制体数字化成形技术与装备如图 3-2 所示。

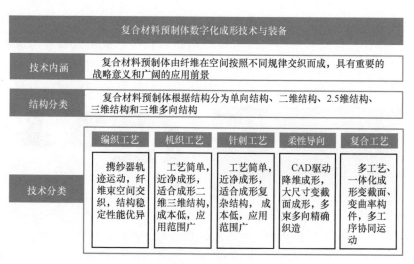

图 3-2　复合材料预制体数字化成形技术与装备

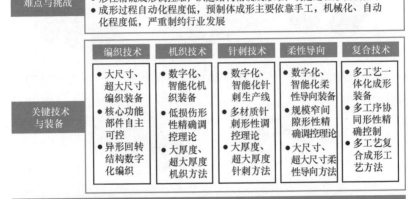

图 3-2　复合材料预制体数字化成形技术与装备（续）

3.2　重大工程需求分析

1. 航空航天

在航空航天领域，大飞机、载人航天等重大工程的快速实施对高性能复合材料提出了更高的应用需求。复合材料的用量已成为衡量航空航天高端装备科技水平的一个重要标志。

在飞机中应用的纤维增强复合材料主要由二维结构和三维结构预制体制成。二维结构复合材料的相关研究和应用相对较早，成形设备较为完善，同时具有成形性好、质量可靠性高等优势，通常被广泛应用于板壳结构中。如图 3-3a 所示，波音 787 飞机的蒙皮主要使用的是碳纤维层压复合材料。三维

图 3-3　二维结构和三维结构复合材料

a）层压复合材料机翼蒙皮　b）三维复合材料一体梁结构

结构复合材料虽然存在面内性能不足的缺点，但层间性能得到较大提升，通常应用于异形结构及对承载要求相对较高的连接结构中，如一体梁结构等，如图 3-3b 所示。

　　整体编织成形的三维结构适用于外形结构复杂的航空航天构件。图 3-4a 所示的发动机喷管，即为采用三维编织成形的复合材料，图 3-4b 所示的发动机叶片也具有复杂的型面特征，因此适于采用三维编织成形。由美国通用电气航空（GE Aviation）和法国赛峰集团（Safran）联合成立的 CFM 国际发动机公司设计的 LEAP-X 发动机的风扇叶片就使用了三维编织碳纤维复合材料，使该型号的发动机燃油消耗量降低 16%，同时二氧化碳排放量减少 16%，在运行中噪声更低。此外，该公司设计的发动机机匣也运用了三维机织碳纤维复合材料，减小了发动机质量，进一步提升了推重比。

图 3-4　三维结构复合材料预制体
a）发动机喷管　b）发动机叶片及机匣

2. 轨道交通

　　我国轨道交通建设已进入繁荣时期，纤维增强复合材料构件在降低噪声和振动，不断提升舒适性及安全可靠性等多个方面都有重要的应用价值。车体和转向架构架等作为列车的大型承力构件，在整车结构质量中占有较大比例，是亟须应用轻量化纤维增强复合材料实现减重的主要对象。中车长春轨道客车股份有限公司设计研发出了全碳纤维复合材料地铁车体，如图 3-5 所示，整个地铁车体的车底均运用了薄壁筒形整体承载结构，长度可达 19m，宽度可达 2.8m，车顶和轨道两者之间的高度差可达到 3.5m。该车体和同规格的金属车体相比，质量减小了 35% 左右，其运载能力得到大幅度提升。同时，复合材料车体所具备的隔热性超出金属车体 1.5 倍左右，有助于车体内部形成更为舒适的环境温度。此外，复合材料车体所具备的隔声性能及减振性能都远超其他金属车体，降低了列车运行过程中产生的内部噪声和振动。

　　轨道列车转向架由构架、驱动装置、制动装置及与车体连接的装置构成。

a)   b)

图 3-5   全碳纤维复合材料地铁车体

a）地铁车体外部   b）地铁车体内部

传统转向架的主梁一般由 6~12mm 厚的钢板焊接而成，转向架的质量约占车体质量的 25%。2014 年，日本川崎重工率先研发出了以碳纤维侧梁为主的 efWING 复合材料转向架，如图 3-6 所示。采用碳纤维增强树脂基复合材料成形轨道列车的主承载结构，相较于传统金属侧梁可减重约 40%。

传统构架   efWING   efWING   efWING
                     CFRP构架   转向架   转向架运用

图 3-6   复合材料转向架

3. 船舶舰艇

纤维增强复合材料在轻质、高强、耐蚀和抗疲劳等方面优势突出，近些年开始在海洋船舶领域中广泛应用。在小型艇中，纤维增强复合材料在赛艇、游艇和小型商业渔船上的使用逐步得到了认可。受限于成本和制造水平，早期纤维增强复合材料在大型船舶上的应用主要是建造军事扫雷舰。近年来，纤维增强复合材料开始在大型船舶的上层建筑、桅杆等处逐步应用。美国使用碳纤维复合材料成形了"短剑"号隐身快艇，如图 3-7a 所示，快艇长 24.4m，宽 12.2m，吃水 0.9m，排水量 67t。整个生产过程中不使用铆钉和焊接，外表十分光滑，可有效减小航行阻力，兼具隐身性能。美国 MEKO 系列战斗舰上层建筑几乎都为复合材料，如图 3-7b 所示，可降低上层建筑与钢结构连接处产生疲劳断裂的概率，同时有效减小船舶质量。

桅杆一般位于舰船的最高处，容易被迅速侦测发现，隐身性能相对较差。

以往所使用的桁架式桅杆结构已经逐步发展成一体化复合材料桅杆，改善了舰船的隐身性能。法国"拉斐特"级护卫舰的桅杆材料采用了吸波性较好的复合材料，如图 3-8a 所示。新加坡的可畏级护卫舰作为法国原有"拉斐特"级护卫舰的一种升级发展版本，也应用了纤维增强复合材料桅杆，以加强隐身设计，如图 3-8b 所示。

a)

b)

图 3-7　复合材料在海洋船舶领域的应用

a）全复合材料隐身快艇　b）MEKO 战斗舰复合材料上层建筑

a)

b)

图 3-8　舰艇复合材料桅杆

a）法国舰艇复合材料桅杆　b）新加坡舰艇复合材料桅杆

4. 医疗健康

碳纤维增强复合材料除具有优良的力学性能，还具有良好的 X 光透光性、生物相容性、温度适应性和导电性等，使其在医疗器械领域有着广泛的应用前景。医疗碳纤维板对 X 射线透过性有很大帮助，能够使成像更加清晰，并且在折射和透射方面的偏差较小，减小了 X 射线给患者带来的伤害。新型复合材料可以植入体内作为骨头生长的支架，或者取代失去的骨头，如图 3-9a 所示。复合材料制备的骨骼具备高度多孔性和吸附性，移植后有助于血管的生长。碳纤维复合材料制备的储能脚如图 3-9b 所示，其放/储能比可高达 95%以上，使患者的行走更省力。传统的轮椅采用钢材制作，碳纤维复合材料凭借自身优良的力学性能和轻量化优势在高端轮椅制造中获得重视，如图 3-9c 所示。

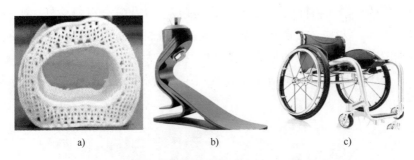

图 3-9 复合材料在医疗健康领域的应用

a）新型复合材料骨头 b）碳纤维复合材料脚 c）碳纤维复合材料轮椅

3.3 复合材料预制体数字化成形发展现状

复合材料预制体成形是先进复合材料构件生产的关键步骤与重要环节。三维织造预制体结构同二维结构复合材料相比，具有良好的层间性能、较强的抗冲击性能和抗剪切性能等优点，已经在发动机喉衬、热防护系统、飞机制动片等关键构件上实现应用。三维结构复合材料构件由预制体和基体两部分组成。首先利用复合成形技术将纤维制备成立体结构预制体，再通过化学气相渗透、先驱体浸渍裂解、树脂传递模塑等技术将基体浸渍到预制体之中，最终制备出完整的三维结构复合材料构件。经历半个世纪的发展，国内外复合材料预制体成形技术及装备都有了一定发展，主要有机织、编织、缝合、针刺、柔性导向三维织造等。

3.3.1 国外发展现状

1. 机织技术及装备

三维机织是基于传统的二维机织原理改进得到的预制体构件一体化成形工艺。通过设计多组经纱、纬纱和捆绑纱的机织规则，实现高性能纤维在层间的相互交织，得到复合材料三维预制体构件。Fukuta 等人提出了一种专用机织方法，如图 3-10a 所示。穿过孔板的经纱水平排列，边纱针和引纱管的织造工序交替进行，使纬纱和捆绑纱线形成纱线圈，最终获得三向正交复合材料预制体。Khokr 等人提出了一种 Noobing（non-interlacing，orienting orthogonally and binding，无纤维交织、正交排列捆绑）织造方法，如图 3-10b 所示。在该方法中，导纱器不仅具有引纬功能，还可以实现打紧纬纱，各组导纱器同时运动，显著提高了设备的成形效率。Weinberg 等人提出了一种工序较为简单的三向正交预制体制备方法，如图 3-10c 所示。竖直方向上的纱线穿过上孔板和下孔板，x、y 方向的钢扣分别穿过 z 向纤维阵列，利用钢扣的紧固形成阵列梭口；然后利用梳齿分别平行引入 x、y 方向的纱线，同时松开钢扣使梭口关闭，梳齿交替向下孔板移动并重复上述循环过程，最终形成三个方向垂直的交织结构。

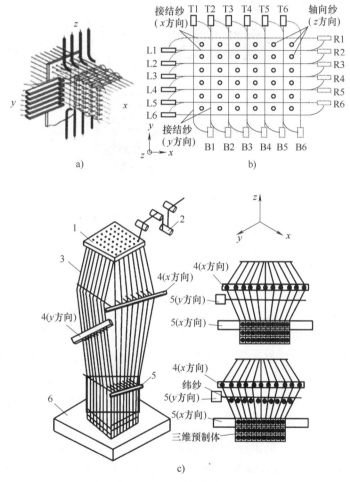

图 3-10　三维机织原理

a) 三向正交复合材料预制体织造　b) Noobing 织造方法　c) 三向正交预制体制备方法

1—上孔板　2—张紧机构　3—z 向纱　4—钢扣　5—梳齿　6—下孔板

英国 Optima 3D 公司开发了 Series 500 三维织机，如图 3-11a 所示。通过数字化控制系统和新型纤维穿梭系统提高了设备成形参数和工序的可调控性。德国 DORNIER 公司基于 DWS 系统开发了三维织机，通过提花机控制梭口高度，可实现厚度大于 25mm 的三维机织预制体的高效率制备。瑞士 Stäubli 公司研发了 Unival 100 提花织机，如图 3-11b 所示。该设备拥有 512～15360 个执行器以控制相当数量的经纱，能够制备厚度大于 50mm 的复合材料三维预制体。

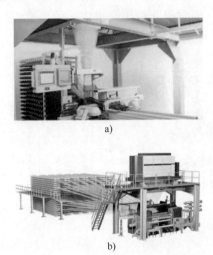

图 3-11　三维织机与提花织机

a）Series 500 三维织机　b）Unival 100 提花织机

2. 编织技术及装备

三维编织是纺织结构复合材料预制体中最重要的方法之一，它是由多个系统纤维束在空间中互相交织而形成的整体网状结构，其结构整体性好，可从根本上解决层压复合材料容易分层破坏的问题，而且能形成各种异型复杂结构形状，为三维编织复合材料预制体提供了更为广阔的应用前景。在三维编织技术方面，按照织造工艺可以分成四步法编织、二步法编织、旋转法编织和三维六角形编织工艺。美国的 Quadrax Advanced Materials 公司率先提出了四步法编织工艺，每行和每列的携纱器交替运动形成矩阵，每个携纱器单独控制一根编织纱线，如图 3-12a 所示。美国杜邦公司开发了二步法编织工艺，将携纱器阵列中的纱线分成两组，分别是轴纱和编织纱，如图 3-12b 所示。二步法编织工艺中轴向纤维占比较高，可以制备出多种异形截面预制体，但打紧边纱会导致成形速度降低，难以应用于大规模生产。旋转法编织工艺如图 3-12c 所示，依靠电动机驱动齿轮组件的转动，多组携纱器之间交错运动，从而制备出三维编织预制体。

美国 3TEX 公司研制了一种全自动旋转三维编织机，如图 3-13a 所示。该编织机可通过携纱器的旋转运动来实现三维预制体在矩形平台上的编织成形。针

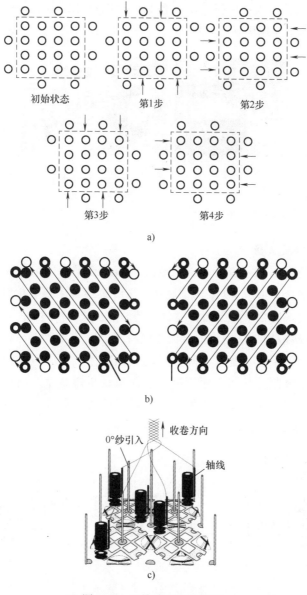

图 3-12　三维编织工艺原理

a）四步法编织工艺　b）二步法编织工艺　c）旋转法编织工艺

对陶瓷纤维等易脆断纤维难以在传统的三维编织机上一体化成形的问题，德国亚琛工业大学基于工业 4.0 标准对传统的三维编织设备进行了数字化重建，提高了设备的成形稳定性和成形速度。德国 Herzog 公司研发了径向三维编织机，如图 3-13b 所示。该编织机通过角轮传动来实现携纱器运动，编织机直径可达

6m，配合大量携纱器组件可显著增大预制体轴向尺寸，所制备的复杂形状复合材料三维预制体可应用于航空航天和汽车领域。

图 3-13　三维编织机

a）3TEX 公司的全自动旋转三维编织机　b）Herzog 公司的径向三维编织机

3. 缝合技术及装备

三维缝合技术是在芯模上铺碳布或纤维形成二维铺层结构，然后在厚度方向用碳纤维线缝合，形成 3D 结构预制体。碳纤维缝合主要有单针缝合、双针链式缝合、弯针链式缝合 3 种类型，缝合工艺原理如图 3-14 所示。缝合技术于 20 世纪 80 年代首次应用，采用将层合板预浸料缝合以达到改善材料损伤容限的目的，主要用于成形平板、圆柱、圆锥形薄壁预制体，美国、法国有缝合碳纤维圆锥形、圆柱形预制体技术，用于制备火箭发动机燃烧室、出口锥等。缝合用碳纤维线，需要对纤维加捻、表面处理，以提高线的韧性和可缝合性。常用碳纤维缝合线由 1K 碳纤维 2~4 股制成。

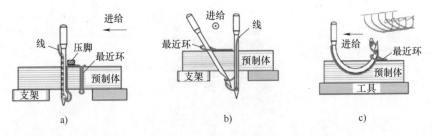

图 3-14　缝合工艺原理

a）单针缝合　b）双针链式缝合　c）弯针链式缝合

20 世纪 80 年代末，美国 NASA 提出了先进复合材料缝合技术研究计划，并且联合波音公司研发了由计算机控制的三维缝合设备，实现了 28m 长的复合材料机翼壁板缝合，有效提高了飞机结构的整体性并降低了材料制备成本。传统的缝合设备在制备复杂曲面的复合材料构件时因受设备自由度限制而存在困难，为此，德国 KSL 公司基于六自由度机器人开发了以 KL500、KL504 为代表的三维缝合装备，如图 3-15 所示。数字化生产提高了复合材料三维预制体的成形精度，可制备出变曲面复合材料三维预制体，该装备缝合步长为 2～10mm，缝合速度高达 500 针/min，预制体缝合厚度可达 20mm，显著提高了成形速度和成形质量。为进一步提高成形精度，并且适应更复杂曲面的成形制造，亚琛工业大学研制出了基于并联机器人的三维单边缝合设备，其缝合装置如图 3-16 所示。并联机器人显著提高了设备灵活性，缝合速度可达 1000 针/min，极大地提高了复合材料三维预制体的成形效率。

图 3-15　KSL 公司开发的基于六自由度机器人的三维缝合装备

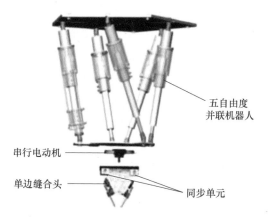

图 3-16　亚琛工业大学研发的基于并联机器人的三维单边缝合设备

4. 针刺技术及装备

针刺技术以各种纤维布和短切纤维网胎为原材料，利用一种带有反向钩刺的特殊刺针对纤维复合料铺层进行针刺，引入层间纤维，制备出面内和层间均有纤维排布的 3D（或称准 3D）网状结构预制体，如图 3-17 所示。针刺技术最早由法国欧洲动力装置公司研发，以预氧化碳纤维布和预氧化纤维网胎为原料，通过针刺工艺制备出 Novoltex 针刺碳纤维预制体。20 世纪 90 年代中期，法国 Snecma 公司在 Novoltex 的基础上改进出一种新的预制体技术——Naxeco。在继承了 Novoltex 技术优点的基础上，Naxeco 降低了生产成本、简化了制备工艺。

相比于 Novoltex 的碳纤维体积分数 28%，Naxeco 的碳纤维体积分数达到 35%。由于碳纤维含量的增加，与 Novoltex 相比，Naxeco 预制体具有更好的性能。该公司还提出了螺旋铺层针刺工艺，可以直接形成与轴向垂直的扁平状的管状预制体。

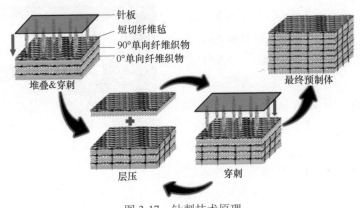

图 3-17　针刺技术原理

　　根据制备预制体形状的不同，针刺预制体织造装备有平板、圆环及对称回转预制体织造装备，如图 3-18 所示。德国 Dilo 公司开发的针刺装备的针刺频率最高可达 3500 刺/min，出布速度最高可达到 150m/min。Carlson 等人开发了一种针刺装备，可以通过多层一次性针刺成形或逐层接力针刺成形来制备平板预制体，采用的原材料可以是机织布、单向或多向布，以及纤维毡等。Olry 等人发明了一种可以制备大厚度三维针刺预制体的针刺机，该机在厚度方向具有较大的工作范围，可用于制备不同厚度的平板预制体。

3.3.2　国内发展现状

1. 机织技术及装备

　　我国高性能碳纤维预制体机织技术的研究始于 20 世纪 70 年代，经过半个世纪的发展，工艺技术、装备水平有了很大的进步，自主研发了多层机织技术，研制了多种预制体成形设备，相关技术正在应用推广。三维机织研究单位主要有东华大学、天津工业大学、武汉纺织大学、西安航天复合材料研究所等。东华大学开发了多剑杆引纬的三维织机，可实现三向正交、三维角联锁等复合材料预制体的制备，如图 3-19a 所示。天津工业大学研制出了多层交联织物织机，如图 3-19b 所示。武汉纺织大学研制出了全自动三维织机，可用于制备厚度为 3~50mm、宽度为 200~1000mm 的复合材料三维预制体。

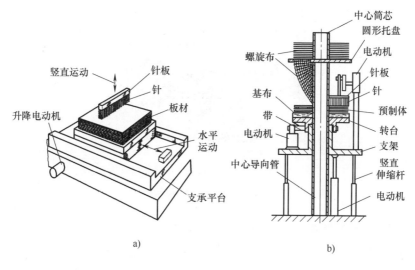

a)

b)

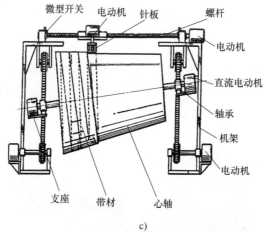

c)

图 3-18　针刺预制体织造装备

a) 平板　b) 圆环　c) 对称回转

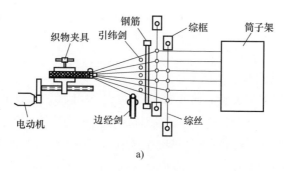

a)

图 3-19　三维织机

a) 多剑杆引纬的三维织机

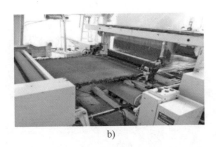

b)

图 3-19　三维织机（续）

b）多层交联织物织机

2. 编织技术及装备

我国的高校和企业在三维编织成形工艺和设备方面也取得了重大突破。天津工业大学研制的大型三维编织机，可通过计算机控制编织工序和节拍。徐州恒辉编织机械有限公司开发了将机器人作为牵引装置的三维编织机，如图 3-20a 所示，通过添加轴向不动纱来实现三维四向、三维五向碳纤维复合材料预制体的制备。北京柏瑞鼎科技有限公司研发的大型三维旋转编织机如图 3-20b 所示，针对复合材料构件形性特征个性化定制编织平台，通过矩形编织模块单元组合来实现 T 形、π 形等三维预制体的复合成形。

a)　　　　　　　　　　　　　　　b)

图 3-20　三维编织机

a）将机器人作为牵引装置的三维编织机　b）三维旋转编织机

3. 针刺技术及装备

我国对针刺技术与装备的研究始于 20 世纪 70 年代，并最早成功应用于高性能 C/C 制动盘。主要的碳纤维针刺预制体制备技术是整体针刺毡、碳纤维布/预氧丝网胎预制体和碳纤维布/碳纤维网胎预制体。中国恒天集团有限公司于 2012 年在中国国际纺织机械展览会上展示了 StylusDZ-D 类的椭圆轨迹针刺机，该机具有 2750 次/min 的针刺频率，可以实现椭圆和竖直两种轨迹的运行。宝鸡赛威重型机床制造有限公司也开发了一种异型数控针刺机，能够满足不同品形预制体的针刺成形制备，但由于自由度有限，依然不能够满足复杂自由曲面的成形制备，如图 3-21 所示。天津工业大学陈利教授课题组发明了一种机器人针刺设备和一种手提气动针刺枪，用于复杂曲面预制体的针刺成形。

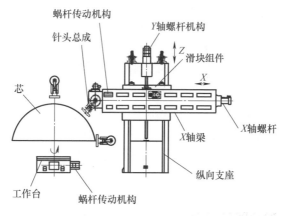

图 3-21　异型数控针刺机

4. 柔性导向三维织造技术及装备

柔性导向三维织造是一种新兴的复合材料三维预制体成形工艺，可以实现复杂结构的三维预制体近净成形，是一种材料-结构-功能一体化复合制造方法。柔性导向三维织造原理如图 3-22 所示。首先对零件 CAD 模型进行数字化分层，从而得到织造层的几何参数；然后根据分层信息生成数字化导向阵列模板，通过织造层的几何参数、数字化导向阵列模板参数、构件尺寸结构规划高性能纤维的织造路径。具体过程为织造针将纤维沿着第一层的规划路径织造于导向阵列中，纤维以导向棒为节点进行交织，完成第一层织造后，织造针会上升至一定的高度并进行下一层的织造，逐层织造直至完成整个预制体的织造工序；纤维织造完成后，利用高性能纤维替换导向棒，可得到完全由高性能纤维组成的复合材料三维预制体。

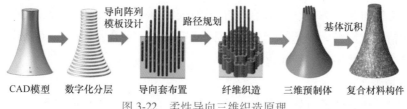

图 3-22　柔性导向三维织造原理

针对大型、变截面、高密度构件制造难的问题，中国机械科学研究总院集团有限公司创建了纤维织造路径自动生成、纤维张紧力调控等算法模型，发明了纤维低损伤输送、导向阵列自动排布、多向织造等关键系统及装置，研制出了 3D-CFW500S、1000S 等系列化复合材料柔性导向单针三维织造成形机，如图 3-23 所示。该机实现了纤维多角度、低损伤自动化织造，最大成形尺寸为 1000mm×1000mm×500mm，织造速度为 150mm/s。同时，还建立了纤维层间致密化压实、多机构协同织造等算法模型，发明了多束多向自动送丝、细长密集导向阵列精确控制、自动化压实等关键装置，研制出了 3D-CFW240M、1000M 等系列化数字化柔性导向多针三维织造成形装备，如图 3-24 所示。该装备突破了层间致密度精确控制、长路径窄间隙多纤维同步铺放、导向结构防变形控制等关键技术，实现了纤维层压实与导向阵列变形约束一体化，设备外形尺寸为 15m×15m×4m，单向织造纤维速度为 500mm/min，x/y 方向一次送丝 420 束，z 向纤维面密度为 17.3 万根/m^2。

图 3-23　复合材料柔性导向单针
三维织造成形机

图 3-24　数字化柔性导向多针
三维织造成形装备

3.3.3　国内外技术差距

欧美国家的纤维预制体织造技术与装备已逐步实现自动化、数字化制造，并且向更大尺寸、更高性能的方向发展。与之相比，我国复合材料预制体成形技术在工艺与装备方面仍然存在人工干预较多、生产成本高、制造效率低、织造结构精确成形难、制造过程形性调控难等问题，复合材料纤维预制体成形制造的自动化、数字化、智能化程度低。

1. 成形工艺

目前，成熟的预制体成形工艺原型基本由美国、日本等国的研究人员提出，国内在该方面的研究缺乏具有原始创新性的工艺方法，特别是针对异型复杂结构预制体的成形工艺，国内的相关研究较为缺乏，更难以解决异型复杂结构预制体成形过程中的形性匹配与精确调控等问题。另外，随着复合材料在我国高端装备中使用比例的逐步提高，复合材料三维预制体低成本制造技术成为关键，国内更多的研究主要聚焦在功能实现，而在低成本制造方面发展相对滞后。总体而言，国内复合材料三维预制体成形工艺过程较为简单，针对某一构件的预制件需在工艺过程中进行多次调整，甚至是通过多次试验才能达到最终性能要求，而对工艺过程的研究也通常滞后于工程实践。编织工艺没有统一明确的设计方法，缺乏系统的理论；受编织工艺方法的限制，可成形的织物结构也较为有限。

2. 成形装备

相较国外成形装备，国内设备存在自动化程度低、功能单一、生产率低等问题。三维机织、编织、缝合预制体设备相对自动化程度高，但在大尺寸、复杂结构复合材料构件制造方面应用不多。国内的织造设备柔性相对较差，大多设备为"一机一用"，产品适用性差，只能织造一定范围尺寸或某一特定形状的产品，从机器设计到零件的成形周期长、效率低。国内产品生产过程中人工干预较多，造成产品质量不一、均匀性较差。在成形装备的软件设计平台方面，国外 CAD/CAM/CAE 一体化已经发展到很高的水平，对于具有代表性的三通、弯管等异形件，已经设计开发出了一套完善的 CAD/CAM 软件，用于设计芯模和线型、轨迹规划及后处理，并且还可根据完整的数控系统生成其相应的代码进行控制。国产 CAD 产品在产品性能上仍有着较大的差距，还处在软件自身发展阶段。与国外相比，国内计算机辅助技术的市场竞争力较弱，国产工业软件的核心技术基本是由国外授权，在我国 CAD 研发设计类软件市场中，超 90% 以上的市场被法国达索、德国西门子、美国 PTC、美国 Autodesk 这四家企业所垄断。此外，国际 CAD 相关厂商的发展已经进入了新的阶段，开始使用云服务器提供软件与服务相融合的整体解决方案。

3.3.4　未来发展趋势

航空航天、轨道交通等行业对复合材料构件尺寸大型化、结构复杂化、制造自动化提出了更加迫切的需求，需要开展复合材料构件数字化柔性高效精确成形关键技术与装备研究，突破数字化结构建模与高效成形、复合材料构件形性匹配与精确调控、数字化成形装备与系统实现等难题，提升复合材料构件内在致密化程度，推动关键零部件一体化整体成形，以进一步减少连接件数量、减小结构质量，实现复合材料预制体构件高效率、高性能、高质量成形制造。综合国内外预制体成形技术的研究现状，预测复合材料预制体成形技术与装备发展趋势如下。

1. 成形工艺

由于高端装备对高性能复合材料的需求量大，低成本高效率的复合材料三维预制体成形技术研究尤为关键，复合材料三维预制体成形技术将向结构功能一体化、制造评价一体化方向发展。需不断解决形性精确调控、性能与结构一体化设计、多参数多机构协同调控等关键问题，发展大型复杂高性能构件成形机理及性能精准控制理论方法。发展新的"材料-结构-工艺-性能"一体化的"并行模式"，实现在复杂构件成形过程中同时进行多材料的布局与设计、多层级结构的成形和创新，从而满足构件的多功能和高性能需求。针对异形构件，形成数字化一体化制造方法，建立可量化的检测方法及检测标准，突破复合材料预制体数字化智能化织造技术。

2. 成形装备

复合材料三维预制体成形装备将向大型化、结构性能可定制化、自动化、数字化、智能化方向发展，通过实现大型三维复合材料构件数字化成形装备的规模化应用，以解决高性能三维复合材料构件批量、快速、低成本的生产难题。我国在复合材料三维预制体成形装备上已取得显著进步，但与发达国家仍存在一定的差距，亟须突破异型结构、多功能复合材料预制体构件的数字化智能化成形装备，以及超大尺寸复合材料预制体构件数字化成形装备。同时，着力发展计算机辅助技术，开发相应预制体及复合材料产品设计软件；建立数据库，解决产品设计中预计产品的力学性能和使用性能的问题，提高产品开发的创新能力，缩短研发周期，在软件方面推动国产替代进程。

3.4 面向 2035 的复合材料预制体数字化成形关键技术及装备

3.4.1 基础前沿技术

作为复合材料中的增强相，高性能纤维预制体主要起承受载荷的作用，因此预制体的成形质量将直接影响最终复合材料构件的力学性能。大型复杂高性能复合材料构件对结构性能可定制化技术、多工艺复合技术等关键技术提出了严峻的挑战，亟须突破复合材料预制体前沿成形技术，以满足我国高端装备的升级需求。

1. 结构性能可定制化预制体成形技术

为了充分发挥复合材料比强度高、比刚度高、耐高温、耐蚀性好的特点，需要根据材料的使用环境、边界条件等因素，合理选择材料类型，优化设计预制体纤维结构，合理布置纤维方向，提高复合材料构件的综合性能。随着高端装备的迅猛发展，单一功能的复合材料预制体构件无法满足尖端武器装备的严苛要求。先进飞行器的热防护系统是由多种材料体系的复合材料组成，因此亟须开发结构性能可定制化的预制体成形技术，以满足更加广泛的应用场景对复合材料构件的电导率、磁性、吸波、透波、阻燃、耐热等多种功能性能的要求。

2. 多工艺复合工艺及装备

飞行器等高端武器装备对复合材料构件提出了更高的要求，需要进一步提升复合材料预制体的曲率变化程度，增大纤维角度的变化范围，提升复合材料预制体的结构均匀性，提高构件外形、尺寸的成形精度，传统的预制体单一成形工艺难以满足上述需求。综合编织、机织、针刺、柔性导向三维织造等成形工艺的优点，研究多工艺复合成形工艺，开发铺放-缠绕一体机构、多束张力调控、模块化针刺结构等关键系统及装置，能够在原成形方法的基础上，进一步提升复合材料预制体的成形尺寸和精度，实现变曲率、变厚度大型复杂预制体一体化成形。

3.4.2　共性技术及装备

复合材料预制体成形技术通常具有较强的针对性，需要根据高性能复合材料构件的形状、尺寸及使用环境，合理选择机织、编织、缝合、柔性导向三维织造等预制体成形工艺。面向复合材料预制体构件高效率、高性能、低成本成形制造，需要解决的共性技术及装备介绍如下。

1. 低损伤成形技术

高性能纤维具有脆性较大、可织造性差的特点，而纤维与纤维、纤维与设备之间存在摩擦，容易导致纤维损伤，严重影响预制体性能及最终复合材料构件的性能，因此亟须研究低损伤成形技术。通过等离子处理、化学处理等技术对高性能纤维进行改性，提高纤维的韧性、强度，减小成形过程中的纤维损伤。同时，优化预制体成形工艺参数，探究利用低损伤输送技术、纤维张力控制技术等避免纤维磨损、弯折，增强微观、细观、宏观纤维排布的均匀性，大幅度提高复合材料预制体数字化成形设备的成形稳定性。

2. 标准化整体化制造技术及装备

随着复合材料的应用拓展与用量提升，亟须对复合材料预制体构件进行统一化的生产和加工，不仅可以减少成形装备中非标件的数量，还可以提高机身质量，延长机身的使用寿命，并促进复合材料预制体构件的标准化生产。同时，需要开发复合材料预制构件智能化设计与制造的一体化成形装备，突破多机器人的一体化协同控制、工艺基本参数的自动控制系统、机器视觉系统、数字孪生系统等，实现产品质量在线检测和基于数据驱动的工艺优化，实现复合材料预制体构件高效率、高精度、高质量成形。

3. 预制体缺陷控制技术

大型复杂复合材料预制体对结构复杂性需求较高，相比小尺寸简单复合材料预制体，其成形制造工艺更为复杂，导致高性能纤维排布方式与理想状态存在差异，降低了宏观、细观结构的稳定性，造成复合材料预制体宏观、细观结构缺陷，进而导致复合材料构件性能下降。因此，继续突破复合材料预制体构件缺陷控制技术，建立多元传感器闭环控制系统，有效监测成形过程的纤维损伤、结构错误，结合大数据、数字孪生等数字化成形技术，实现预制体缺陷控制，以提高复合材料预制体构件的成形质量。

4. 预制体高效率成形技术及装备

传统的复合材料预制体织造技术往往需要庞大的纤维束数量。例如，三维机织技术要求纱架尺寸大，三维编织技术要求携纱器数量多，同时由于传统成形工艺与设备的限制，仍需要大量的人工干预和半自动化编织，导致复合材料预制体成形效率较低，大幅度增加了高性能复合材料构件的制造成本。由于高端装备对复合材料构件的需求量大，复合材料预制体高效率、低成本制造技术尤为关键，亟须开发低成本、高效率的复合材料预制体构件成形技术与装备。

3.4.3　卡脖子技术及装备

目前，在先进自动化编织装备方面，西方发达国家对我国实行严格的技术封锁和设备禁运。为了实现高性能复合材料构件的高效率、高质量制造，在复合材料预制体成形技术与装备方面，我国需要突破以下几个关键技术。

1. 数字化、智能化复合材料预制体成形装备

复合材料预制体结构复杂，对预制体成形设备的柔性、精确性、稳定性提出了较高的要求，执行机构需要具有较高的自由度，根据织造节拍将高性能纤维稳定地固定到预制体内部的设计位置。目前，国内复合材料预制体成形设备的数字化水平较低，对预制体织造工序的监控能力较差，在闭环控制系统方面的研究投入较少，现有的成形设备难以满足高端装备对复合材料的迫切需求。因此，亟须开展数字化、智能化复合材料预制体成形技术与装备研究，开发自动化控制、智能化系统。

2. 大型化成形技术及装备

随着复合材料构件在高端装备的应用场景逐步拓展，复合材料构件的发展趋势之一是大尺寸，因此需要突破大型化复合材料预制体成形技术与装备，满足未来高端装备对复合材料构件的尺寸要求，扩大复合材料预制体构件的应用范围，提高复合材料预制体构件高端装备的使用占有率。同时，开展大型、超大型复合材料预制体组件智能体系成形设备行业开发应用研究，解决尺寸超规、性能超常的复合材料预制体制造难题。

3. 工艺模拟与设计软件

复合材料三维预制体成形技术具有工艺流程复杂、工艺参数多的特点，为了研究高性能预制体成形技术与装备，需要利用计算机软件对成形工艺进行高精度模拟，研究多种工艺参数对成形质量的影响规律，提出多参数动态调控方法，利用虚拟软件实现工艺流程设计，根据结构、性能等多方面需求合理调整预制体成形节拍。我国在复合材料设计软件方面同国际先进水平具有较大差距，对欧美等国家的模拟计算软件依赖程度较高。因此，亟须突破研究工艺模拟与设计软件，增强我国在软件方面的自主能力，摆脱受制于人的局面。

3.5 面向 2035 的复合材料预制体数字化成形发展目标与技术路线图

3.5.1 发展目标

到 2025 年左右，突破大型复杂复合材料三维预制体编织成形工艺，掌握大尺寸、大壁厚复合材料预制体机织工艺形性精确调控方法，突破变曲率、变厚度复合材料预制体针刺成形工艺。编织技术与装备、机织技术与装备、针刺技术与装备、柔性导向成形技术与装备及复合工艺技术与装备基本实现自动化，进一步减少人工参与，进一步缩短复合材料制造周期，从而进一步提升复合材料预制体成形效率。

到 2030 年左右，突破大型复杂复合材料预制体数字化、自动化编织关键技术，研制出变曲率、变厚度复合材料预制体针刺成形装备，实现大尺寸、大壁厚复合材料预制体低成本、快速机织成形。编织技术与装备、机织技术与装备、针刺技术与装备、柔性导向成形技术与装备及复合工艺技术与装备实现数字化、网络化、智能化，在编织装备、机织装备、针刺装配、柔性导向装备及复合工艺装备形成初具规模生产线，助力航空、航天、航海、汽车、轨道交通等领域高端制造，推动复合材料预制体数字化成形技术与装备战略新兴变革。

到 2035 年左右，编织技术与装备、机织技术与装备、针刺技术与装备、柔性导向成形技术与装备、复合工艺技术与装备及其配套生产线基本实现国产化替代，布局一系列国际专利，实现复合材料预制体数字化成形技术与装备自主可控，使我国复合材料预制体成形技术与装备在世界范围内处于优势领先地位，进一步提升话语权，引领复合材料预制体数字化成形技术与装备产业的技术进步。

3.5.2 技术路线图（见图 3-25）

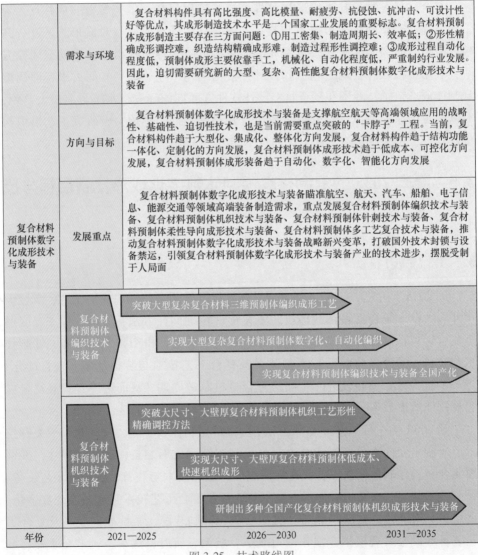

	需求与环境	复合材料构件具有高比强度、高比模量、耐疲劳、抗侵蚀、抗冲击、可设计性好等优点，其成形制造技术水平是一个国家工业发展的重要标志。复合材料预制体成形制造主要存在三方面问题：①用工密集、制造周期长、效率低；②形性精确成形调控难，织造结构精确成形难，制造过程形性调控难；③成形过程自动化程度低，预制体成形主要依靠手工，机械化、自动化程度低，严重制约行业发展。因此，迫切需要研究新的大型、复杂、高性能复合材料预制体数字化成形技术与装备
复合材料预制体数字化成形技术与装备	方向与目标	复合材料预制体数字化成形技术与装备是支撑航空航天等高端领域应用的战略性、基础性、迫切性技术，也是当前需要重点突破的"卡脖子"工程。当前，复合材料构件趋于大型化、集成化、整体化方向发展，复合材料构件趋于结构功能一体化、定制化的方向发展，复合材料预制体成形技术趋于低成本、可控化方向发展，复合材料预制体成形装备趋于自动化、数字化、智能化方向发展
	发展重点	复合材料预制体数字化成形技术与装备瞄准航空、航天、汽车、船舶、电子信息、能源交通等领域高端装备制造需求，重点发展复合材料预制体编织技术与装备、复合材料预制体机织技术与装备、复合材料预制体针刺技术与装备、复合材料预制体柔性导向成形技术与装备、复合材料预制体多工艺复合技术与装备，推动复合材料预制体数字化成形技术与装备战略新兴变革，打破国外技术封锁与设备禁运，引领复合材料预制体数字化成形技术与装备产业的技术进步，摆脱受制于人局面

复合材料预制体编织技术与装备

- 突破大型复杂复合材料三维预制体编织成形工艺
- 实现大型复杂复合材料预制体数字化、自动化编织
- 实现复合材料预制体编织技术与装备全国产化

复合材料预制体机织技术与装备

- 突破大尺寸、大壁厚复合材料预制体机织工艺形性精确调控方法
- 实现大尺寸、大壁厚复合材料预制体低成本、快速机织成形
- 研制出多种全国产化复合材料预制体机织成形技术与装备

| 年份 | 2021—2025 | 2026—2030 | 2031—2035 |

图 3-25　技术路线图

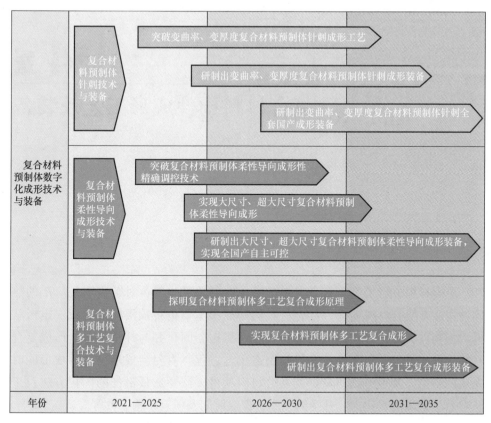

图 3-25　技术路线图（续）

第 **4** 章

复合材料构件成形工艺及装备

4.1 技术内涵概述

　　复合材料成形工艺是复合材料产品生产的关键步骤,对于应用最广泛的热固性树脂基复合材料而言,复合材料构件成形主要指将预浸料铺叠成一定形状形成预制件,并进行加热加压的过程,即将树脂固化并与纤维结合,形成复合材料构件的过程。树脂基复合材料制造工艺过程具有材料成形与构件成形同时完成的特点,要想得到质量好的复合材料构件,需要选择最佳的固化方法及工艺参数,如温度、压力、升降温速率、保温时间及模具结构参数等。

　　随着复合材料产业的发展与升级,许多成形工艺已逐渐发展成熟,各种创新成形工艺也在不断涌现。现阶段发展水平相对较高的树脂基复合材料成形技术主要有热压罐成形技术、液体成形技术、自动铺放成形技术、纤维缠绕成形技术、连续拉挤成形技术等,复合材料成形工艺面临的主要挑战是自动化程度提升和成本控制。此外,随着科技的发展和应用端对材料结构及性能要求的提高,单一的成形工艺愈发难以满足中大型、形状结构复杂的复合材料构件的制造要求,因此两种及两种以上成形方法的复合成形工艺更具发展优势及技术优势。

　　复合材料构件成形工艺方法在实践应用过程中应当依据复合材料构件产量、成本、性能、尺寸大小和形状结构等因素综合考虑进行选择。为使复合材料构件的性能满足使用要求,需要针对不同的产品特征,不断地研究复合材料构件成形方法,突破各项成形技术的瓶颈,突破大尺寸复杂构件的绿色化、自动化、智能化的多元复合成形制造技术。同时,还需要考虑不同成形工艺所涉及的辅助材料、夹具与模具准备、成形周期、用电用气等能源消耗,在综合考虑成本的基础上确定成形工艺方法。此外，对于新设计的复合材料构件，往往要通过多次的样件试制，通过对比不同成形方法制造的复合材料构件性能，进行迭代试验后最终确定。复合材料构件成形工艺及装备的发展路线图如图 4-1 所示。

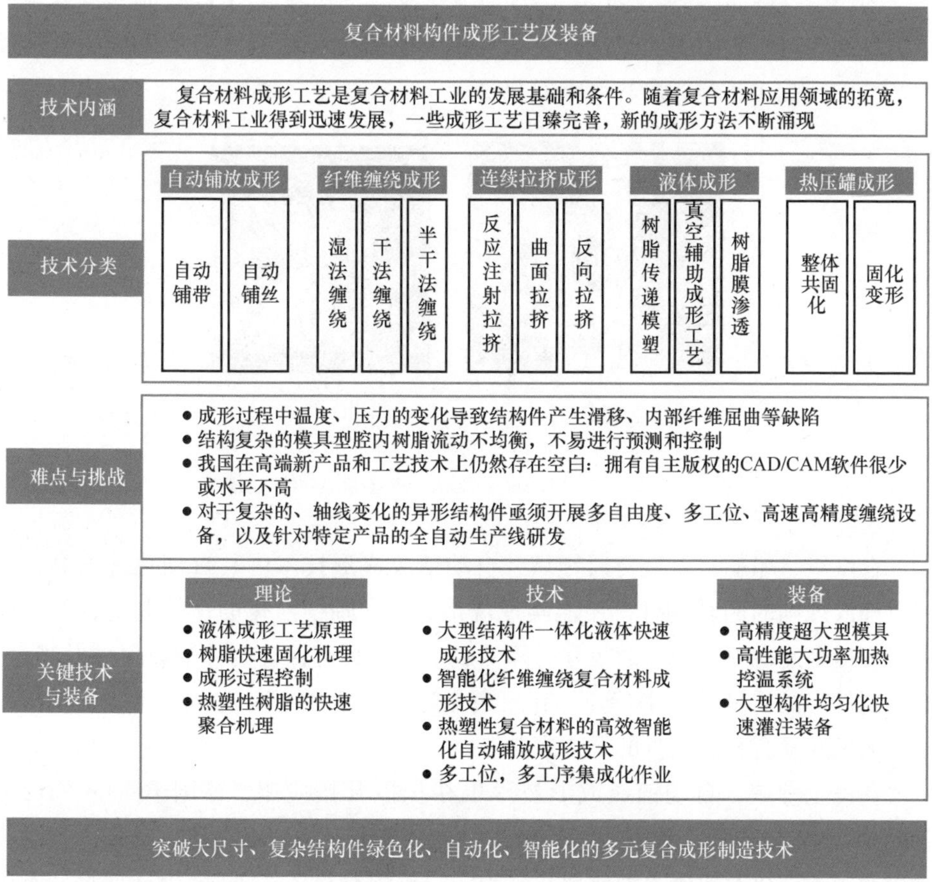

图 4-1　复合材料构件成形工艺及装备的发展路线图

4.2　重大工程需求分析

4.2.1　自动铺放成形技术

自动铺放成形技术是采用自动化机械结构，按照复合材料构件设计，对预浸渍带进行自动的铺层。自动铺放成形过程中所运用的材料体系已经逐步发展至成熟阶段，各类设计成形方法都具备较高的集成性，能够应用于数字化及自动化制造，逐步展为现代化航空航天产品中各种大型复杂复合材料构件的主要成形方法，并且被大范围推广及综合应用。如图 4-2 所示，自动铺放成形在机翼制造过程中已普遍使用，而且在各类航空航天器相关构件的成形制造中也有着广泛的应用。例如，波音公司采用自动铺丝成形技术制造的 V-22 倾转旋翼飞机后机身部件与原先使用手工铺叠方式相比，整体机身结构减少了 34% 的紧固件和 53% 的装配工作量，废料率降低 90%。

a)　　　　　　　　　　　　　　　b)

图 4-2　碳纤维翼梁自动铺放成形

a）波音 777X 客机的碳纤维梁　b）空客 A400M 尾翼

在汽车、船舶、轨道交通领域，自动铺放成形技术因其自动化程度高，除可以铺放规则的回转构件，还能实现规格大型、轴线变化的构件制造，不仅能大幅度提高复合材料成形的效率，降低成本，还具有保证制件铺放尺寸及精度，提高制件产品质量的技术特点，在轨道交通领域可用于高铁、地铁列车车身框架等大尺寸复合材料构件的低成本制造。

在民生领域，自动铺放成形技术也在积极开拓应用，德国 Broetje 公司和 Compositence 公司都在积极开展低成本铺丝成形技术在汽车构件等的应用开发，使用专用铺丝机及机器人铺丝成形技术，铺放预浸料坯件-变形-模压成形，不仅强度和刚度大幅度提高，而且可以大幅度降低废料率。西班牙 Danobat 公司开发的喷胶-织物自动铺放成形技术可实现超大型风电叶片的自动化制造，大幅度提升复合材料风电叶片制造水平。

4.2.2　纤维缠绕成形技术

纤维缠绕成形技术在航空航天领域具有重要的应用，主要用于制造压力容器，如图 4-3 所示的纤维缠绕弹/箭发动机壳体，以及各种压力管道。缠绕压力管道中能够充装气体和液体，并且能够维持在一定压力之内不形成渗漏及破坏，在火箭发射管中应用相对较多。先进复合材料的纤维缠绕成形已经逐渐发展为现阶段及未来发动机的重要发展方向，可用于几厘米甚至到三米左右的多种规模、多种类型运输火箭发动机壳体中。

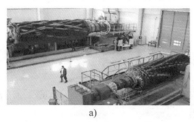

a)　　　　　　　　　b)　　　　　　　　c)

图 4-3　纤维缠绕弹/箭发动机壳体

a）织女运载火箭　b）三叉戟-2 导弹　c）侏儒导弹

在民生领域，利用纤维缠绕成形技术能够使所生产的构件具备更高强度、更强整体性，以及更为优异的综合性能，此技术在实践应用中具备效率高、成本低等优势，在石油化工防腐管道、天然气管道等多种管道生产项目中应用相对较多。利用纤维缠绕成形技术生产的地下石油储罐具备较强的防泄漏能力，能够有效保护水源安全性；利用纤维缠绕成形技术生产的双层壁复合材料储罐及相关管道，在加油站中应用相对较多。此外，把纤维缠绕成形技术应用于体育器械制造，如滑雪杖、羽毛球拍等，有助于提升体育竞技水平，因此部分发达国家对相关技术的投入力度相对较高。图 4-4 所示为采用纤维缠绕成形技术制造的各种复合材料制品。

图 4-4　纤维缠绕复合材料制品

4.2.3　连续拉挤成形技术

连续拉挤成形技术在航空航天领域有着广泛的应用，通过多年的研究和不断完善，连续拉挤成形制件已达到热压罐制件的性能水准。空中客车公司用 JAMCO 公司生产的拉挤型材替换了大部分型号飞机上的加强板和简支梁，并通过热压罐共固化实现拉挤型材与机身面板的胶接。由于国内复合材料的梁/桁/型材应用的局限，目前局限于手工成形、湿法拉挤，只能满足低端产品要求。

针对国内预浸料拉挤成形薄弱的问题，南京航空航天大学和北京航空制造工程研究所已开展相关工艺及装备研究，图 4-5 所示为国产拉挤成形装备和采用拉挤成形工艺制造的复合材料产品。

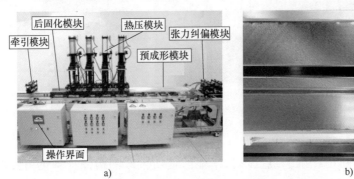

图 4-5　国产拉挤成形装备和产品

a）拉挤成形装备　b）拉挤成形产品

在汽车、船舶、轨道交通领域，连续拉挤成形技术主要用于制备拉挤制品来代替结构钢、铝合金等多种材料，可用于汽车保险杠、车身骨架、包装箱等构件的生产制造，并且在车船底板及支柱等制造中更具优势。连续拉挤成形技术不仅能够保障其强度，还能够有效减轻结构重量，在最大限度降低能量消耗的基础上有效提升运输能力。不仅如此，碳纤维复合材料具备比其他传统结构材料更高的抗振性，连续拉挤成形技术的应用还可延长构件的使用寿命。

在民生领域，连续拉挤成形技术通常被应用于各类复合材料产品的生产，典型的连续拉挤成形制品有电线杆、电工用脚手架、绝缘板、丝管、汇流线管、导线管、无线电线杆、绝缘子、线杆塔、电桥架、熔体管和其他各种电气元器件。在体育运动领域，连续拉挤成形的制品有单杠、双杠、球拍、球杆、钓竿等并占据了高端体育用品市场。

4.2.4　液体成形技术

在航空航天领域，液体成形技术在大型结构件整体成形上应用相对较多，主要有雷达罩、螺旋桨、隔舱门、直升机的方向舵、整体机舱、飞机机翼等。在我国，应用及深入研究液体成形技术的相关机构相对较多，相关产品涉及全碳纤维复合材料桨叶等多种产品，制备的复合材料构件几何尺寸逐步从小尺寸向大尺寸延伸。

在汽车、船舶、轨道交通领域，与传统复合材料成形技术相比，液体成形技术在成形大厚度、大尺寸制品时具有突出优势。液体成形技术在船舶上的应用主要有舰船的防护板、船舶结构件等部件的制造，图 4-6 所示为采用液体成形技术制造的船舶操控台。在汽车领域，液体成形技术已广泛用于各种具有高承载功能的结构零部件，如轿车顶盖、车顶加强板、车顶横梁结构、车身模块及板簧等的制造。

图 4-6　液体成形技术制造的船舶操控台

在民生领域，液体成形技术在各种类型大型复合材料风电叶片整体成形过程中的应用相对较多（见图 4-7）。相比于传统手糊成形工艺，液体成形工艺生产风电叶片的生产率大幅度提高，操作环境显著改善，树脂使用量可减少 30%，并且产品质量稳定，重复性好。

a)　　　　　　　　　　　　　　　　　b)

图 4-7　液体成形复合材料风电叶片

a）风电叶片玻璃纤维铺放　b）风电叶片液体成形

4.2.5　热压罐成形技术

热压罐成形设备（见图 4-8）主要由密封罐体、密封装置、压力系统、加热及恒温系统等组成，用于对复合材料进行加热加压固化成形。在航空航天领域，热压罐成形技术主要用于大尺寸、结构复杂、精度要求高的复合材料构件的制造，如蒙皮件、肋/壁板件、整流罩等。目前，热压罐成形的复合材料构件在军用和民用航空航天构件上得到了广泛应用，所制备的复合材料构件涵盖了主承力构件和次承力构件，如波音公司成功使用热压罐成形技术制造了波音 737 飞机的扰流板，我国"长征"四号运载火箭的卫星整流罩和仪器舱就是采用了热压罐成形技术，各种飞行器雷达罩及卫星整流罩等也都采用了热压罐成形技术制造。

在汽车、船舶、轨道交通领域，热压罐成形技术具有无可比拟的优点：①罐内温度场和压力场均匀，在成形过程中，可使构件均匀固化；②成形模具简单，可一次放置多层模具；③加压方式灵活多样，均匀的高压可获得结构致密的制件。热压罐成形技术主要用于车身覆盖件和车身结构件，如机盖内外板、车门内外板、顶盖、翼子板、门槛梁、B 柱等的制造，图 4-9 所示为热压罐成形技术制造的复合材料汽车顶盖。

图 4-8　热压罐成形设备　　　　　图 4-9　热压罐成形技术制造的
　　　　　　　　　　　　　　　　　　　　　　　复合材料汽车顶盖

在民生领域，由于热压罐成形技术的设备投资大、成本高、能源利用率较低、罐体体积大、结构复杂且需使用压力容器，因此，热压罐成形技术在民生领域使用较少。

4.3　复合材料构件成形工艺及装备发展现状

4.3.1　国外发展现状

1. 自动铺放成形技术

20 世纪 70 年代末至 80 年代初，第一批用于军用轰炸机零部件生产的商业自动铺带机推出，随后美国航空制造商将自动铺带成形技术广泛用于 F-22 战斗机的机翼，波音 777 民用飞机中全复合材料的尾翼、水平和垂直安定面蒙皮结构，以及军用 C17 运输机的水平安定面蒙皮等的生产，机翼蒙皮、尾翼、翼梁、增强梁等部件是复合材料铺带成形技术的主要产品。为了实现结构形状更复杂的构件铺放，自动铺丝技术应运而生。自动铺丝技术在第四代战斗机中得到广泛应用，其中 S 形进气道（见图 4-10）和中部机身翼身融合体蒙皮是典型应用。在自动铺丝装备制造领域，先后有多家大型数控设备公司进入，如美国的 Cincinnati 公司、Ingersoll 公司，西班牙的 M-Torres 公司和法国的 Forest-line 公司（见图 4-11）等，各自形成了含机械构造、数控系统及配套 CAD/CAM 软件的自动铺丝设备制造体系。

图 4-10　波音 X-32 飞机 S 形进气道　　　图 4-11　法国 Forest-line 公司的自动铺丝机
　　　　采用自动铺丝技术

2. 纤维缠绕成形技术

国外纤维缠绕成形技术发展已经比较成熟，在航空航天领域，大型缠绕机已经得到应用，目前已经研发出七轴甚至多达十一轴的纤维缠绕机。现代缠绕设备由计算机系统或数字信号进行控制，使增强纤维可以在较高自由度的情况下精准铺放，并且生产成本也得到降低。如图 4-12 所示，世界上第一台商业化机器人缠绕设备由法国 MFTech 公司研制，该设备借助机器人的柔性制造优势，通过抓取模具和带动导丝头两种方式对复合材料进行缠绕成形。加拿大 Composium 公司研发了全自动缠绕系统，适用于 ABB、KUKA 等多种品牌机器人和数控系统。搭载自主开发的工艺设计软件的 Scorpo 机器人由荷兰 Taniq 公司研发，该机器人可对纤维增强橡胶产品的纤维和橡胶带进行缠绕处理。

图 4-12　法国 MFTech 公司的机器人缠绕设备

3. 连续拉挤成形技术

日本 JAMCO 公司早期主要采用传统的连续成形工艺（ADP）制造波音 757 货舱支柱，考虑其他波音飞机（包括波音 777）对所用复合材料构件的性能要求，JAMCO 公司开始进行预浸料的拉挤成形试验。经不断工艺改进，1995 年制造出满足空客性能要求的 T 形梁构件，随后该公司经过多年的研究试验，先后发明了可拉挤成形 C 形、J 形、T 形、工字形、帽形等截面的先进拉挤成形装备，并通过不断完善先进拉挤工艺流程和工艺参数，拉挤出的产品性能可媲美热压罐成形的制件（见图 4-13）。

a)   b)

图 4-13　连续拉挤成形设备及产品

a）JAMCO 公司的连续拉挤成形设备　b）连续拉挤成形的产品

4. 液体成形技术

液体成形技术经过几十年的发展，已作为一种重要的复合材料低成本制造技术广泛应用于航空航天等领域。如图 4-14 所示，由液体成形技术研制的空客 A400M 大型运输机的货舱门长约 7m，宽约 4m，液体成形工艺既节约了成本，又实现了制件的减重。在生产后压力框时，传统的热压罐成形技术制造难度大且耗费工时，相较而言，液体成形技术具有效率高的优势，同时由

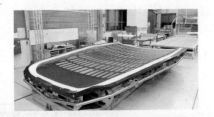

图 4-14　A400M 大型运输机的货舱门

于后压力框的外形较对称，截面较薄，液体成形工艺更加适合。2014 年，俄罗斯也宣布其在 MS-21 上采用了新型液态成形技术，制备了机翼主承力盒段和外翼蒙皮。

5. 热压罐成形技术

复合材料构件在热压罐成形过程中会产生复杂温度梯度，是一切残余应力和固化变形的直接原因。在热压罐成形过程中，影响温度场分布的因素很多，西门子公司基于 Simcenter 3D 提出了较为完整的复合材料成形工艺仿真解决方案，涵盖热压罐成形工艺过程中罐内复杂热流耦合分析、纤维在工装上的铺放分析，以及复合材料成形过程中的热化学、热结构非线性有限元分析等。基于

有限元分析软件 ABAQUS 平台，加拿大英属哥伦比亚大学开发了适用于复合材料构件固化成形工艺过程的商业化软件 COMPRO。该软件通过"虚拟制造"方法来实现热化学-树脂流动-固化应力的综合模拟，能够给出复合材料构件内部温度、树脂固化度、树脂流动和残余应力、变形的分布和数据，用以评估工艺参数变化及结构设计参数对产品质量的影响。

4.3.2 国内发展现状

1. 自动铺放成形技术

我国对自动铺带成形技术的研究起步较晚，在"十五"初期，南京航空航天大学率先开展了自动铺带成形技术的研究。从 2004 年起，南京航空航天大学自主研发了力矩电动机收放、步进电动机驱动的预浸带输送、预浸带气动切割和超声辅助切割、主-辅压辊成形等工艺，并以此为基础，开发出我国首个自动铺带原理样机。同时，哈尔滨飞机工业集团有限责任公司、北京航空材料研究院、北京航空制造工程研究所、武汉理工大学、天津工业大学等单位的相关研究人员也在从事自动铺带成形技术及应用领域研究。武汉理工大学、天津工业大学在机械设计分析、控制系统结构及仿真等基础领域进行了大量的探索。西安交通大学近年来开发了多台自动铺丝装备，通过不断地对自动铺丝装备和工艺进行研究和总结，基于 CATIA 开发了自动铺丝轨迹规划软件和后处理软件，并对纤维铺放轨迹规划算法的可行性进行验证，初步实现了自动铺丝 CAD/CAM 软件系统的开发。如图 4-15 所示，南京航空航天大学利用自主研发的龙门式自动铺丝机，多次与各大主机厂合作，完成了多个进气道的自动铺放成形，并实现了复杂 S 形进气道铺放（见图 4-16）。同时，未来自动铺带成形技术的发展重点主要是进一步完善装备功能并实现设备专用化和多样化，以满足不同需求。

图 4-15　南京航空航天大学龙门式自动铺丝机　　图 4-16　国产铺丝机铺放 S 形进气道

2. 纤维缠绕成形技术

我国对纤维缠绕成形技术的研究始于 20 世纪 60 年代初，经过半个多世纪的发展，已经处于成熟发展时期，相关复合材料制品的研发已经由六轴微机控制纤维缠绕机实现生产，微机全伺服控制，两轴、三轴、四轴微机控制制造技术在纤维缠绕设备得到实现。纤维缠绕制品在我国品类丰富，应用广泛，包括应用于航空航天及武器装备高尖端领域的神舟飞船承力构件、卫星结构件、航空气瓶、空间系统压力容器、大型发射筒等高性能纤维缠绕制品；应用于国民经济各工业领域的管、罐、压力容器、气瓶、传动轴、辊筒等缠绕制品；应用于体育休闲领域的球拍、钓竿、乐器等制品。目前，国内研制缠绕机的单位主要有哈尔滨工业大学、湖南江南四棱数控机械有限公司等，图 4-17 所示为国产缠绕机，并已用于各型号产品的生产。

图 4-17　国产缠绕机

3. 连续拉挤成形技术

我国已引进 46 条拉挤生产线，如来自英国 PULTREX，美国 PC、CPE、CPA、ADVANCED COMPOSITES、PULTRUSION TECHNOLOGY、FIBERFLEX、COAST、BROTHER，意大利 TOPGLASS，加拿大 INLINE FIBERGLASS、OMNLGLASS，以及我国的台湾金才、香港捷利德等公司的生产线，我国的拉挤综合技术通过消化、吸收国外拉挤工艺及技术，从原始仿制到自主创新，已形成国产装备。过去，国内航空梁/桁型材制造普遍采用热隔膜成形、热压罐固化技术，一方面制造成本高，另一方面复合材料型材长度受制于热压罐尺寸限制，无法满足高端产品要求。2008 年，南京航空航天大学率先开展先进拉挤成形技术及装备的研制，于 2020 年搭建了民用飞机项目的帽型长桁和工字梁拉挤成形系统。图 4-18 所示为南京航空航天大学自主研发的半豆荚杆先进拉挤设备。

4. 液体成形技术

复合材料液体成形技术研发在国内得到一定程度的发展，在具体构件研制

图 4-18　半豆荚杆先进拉挤设备

方面，相关工作多集中于次承力结构的液体成形试制。如图 4-19 所示，树脂传递模塑成形（RTM）技术制造的 T 形加筋壁板由中国航空工业集团有限公司复合材料技术中心研制，应用在飞机的次承力结构中。该工艺首先用缝合技术将帽型加筋凸缘与蒙皮缝合，然后对壁板结构使用 RTM 技术进行成形。该中心还采用 VARI 液体成形工艺研制了各类航空复合材料缝合加筋整体壁板结构、夹芯结构、舵面结构、舱门结构等。国内相关企业也十分重视复合材料液体成形技术的研发和应用储备，中航西安飞机

图 4-19　RTM 技术制造的
T 形加筋壁板

工业集团股份有限公司（简称西飞）制造技术团队利用 RTM 和 VARI 等液体成形技术，成功研发出了工字形肋、C 形肋、大厚度壁板、机翼等制件。

5. 热压罐成形技术

在热压罐成形工装设计优化方面，国内学者结合航空企业实际需求，将快速设计结合到工装设计中，建立模块化、集成化的工装快速设计系统。安鲁陵等人基于 CATIACAA 实现了复合材料构件成形工装设计向导和装配工装设计；李桂东等人对三维 CAD 软件进行二次开发，建立了框架式工装的计算机辅助设计系统。虽然快速设计软件系统在一定程度上提高了工装设计建模的效率，但由于其特征曲面函数的限制，使得结构复杂零件必须进行单独的工装设计。因此，在复合材料模具设计中，参数化设计软件在实际应用中具有一定难度。近年来，复合材料成形工艺仿真研究在我国也相继开展，陈祥宝院士的研究团队对复合材料成形工艺的仿真优化与自动铺展工艺进行了较为系统的研究，使国内树脂基复合材料的成形加工工艺技术水平得到了进一步的提升；张铖等人在复合材料构件成形固化过程中变形机理、温度场和固化度数值模拟、固化工艺参数优化等方面取得了一系列研究成果。尽管国内复合材料固化成形工艺仿真

方面研究工作取得了阶段性成果，但与发达国家成熟的工业仿真软件相比还有较大差距，仍然无法准确描述温度场和压力场耦合作用下复合材料结构固化成形关键工艺过程，缺少综合考虑热应力、固化收缩应力、温度梯度与树脂固化度、压力分布和树脂流动、模具与零件的相互作用等因素的固化变形精确预测模型，仿真分析结果难以准确呈现真实的工装结构特征、热压罐工艺环境及树脂流动密实固化等实际工艺状态，对实际工艺指导作用有限。

4.3.3　国内外技术差距

1. 材料

目前，预浸料生产已发展成一种专门的工艺技术，实现生产的专业化和自动化是纤维复合材料技术发展的一个重要方面。全球范围内，预浸料生产技术主要掌握在日本和美国等少数几个国家，具有代表性的境外企业主要有日本TORAY、美国 HEXCEL 等，其生产的较为常用的预浸料型号有 M21C、X850，已经广泛供应于波音、空客等国际主流飞机制造商。国内预浸料主要生产企业有江苏恒神股份有限公司、威海光威复合材料股份有限公司、中航复合材料有限责任公司等，恒神的 H104，中航复材的预浸料都具有黏性较大、对于温度敏感性较高等缺点，在自动铺丝运行时容易出现送纱不平稳的现象。虽然国内预浸料企业和国外企业还存在很大差距，但已经在各领域取得了一定的成果，有效减少了对进口产品的依赖。

2. 成形工艺

在工艺研究方面，国内缺乏一套完整的工艺理论，以对纤维复合材料的成形过程进行完整的描述和分析，对成形过程中的物理和化学过程，目前只停留在试验测试和经验积累的层次，对成形过程中的关键问题没有形成很好的理论解释，亟须进一步研究和改善工艺性能。此外，受限于树脂基体的高黏度、低玻璃化转变温度和高成形温度，成形件仍然存在孔隙率高、界面结合强度差的问题，需要不断开展增材制造相关成形机理和工艺研究，以更好地满足复杂零件结构的轻量化、高精度、短周期和高质量制造需求。

3. 成形装备

商品化的纤维复合材料成形设备仍然需要进口，存在设备结构复杂、价格高昂，难以满足科学研究中开源性和多功能性要求的问题，进口设备匹配的成形材料价格高、种类单一，无法满足成形材料的定制化需求。针对不同的应用场景，亟须自主知识产权的低成本、高性能的制造设备，实现不同性能的纤维增强复合材料的精确成形制造。

4. 仿真分析软件

仿真技术在复合材料构件设计中的应用越来越广泛，将仿真工作纳入复合材料构件制造过程中，已经成为研究领域的一个重要课题，其核心涉及仿真可信度问题。仿真可信度取决于仿真模型、仿真输入数据（载荷、边界条件等）和仿真算法程序的可信度。长期以来，我国将重点放在仿真技术的应用上，但缺乏对仿真数据的积累，仿真基础资源库、仿真经验知识和建模规范等方面积累不足，工程仿真基础模型主要来自国外供应商，大量自主研发的仿真算法很难得到有效的应用，从而使得工程仿真可信度评价和提升十分困难。

4.3.4　未来发展趋势

1. 自动铺放成形技术

自动铺放成形技术未来主要有以下五个发展方向：

1）高效率、智能化、低成本。为了减少整体的生产成本，铺放设备研发迅速，即节约了设备成本，又提高了设备的利用率。

2）铺带-铺丝界限模糊化。丝宽或带宽的尺寸规格不再统一，宽度根据工件的铺带角和效率考虑，并且设备有一定带宽适应性，多带铺带和宽纱铺丝使得自动铺丝与自动铺带成形技术差别减小。

3）热塑性自动铺放成形技术日趋完善。可将热塑性预浸料铺放到 100mm，最大铺放速度不低于 30m/min，热塑性纤维增强复合材料的固化时间短，成形周期大大缩短，并且具有较高的韧性和较好的连接性。

4）多种成形技术复合化。单工位多工序的连续作业，可节省转运周期，高效高精度。多工位多工序的连续一体化操作，可节省运输时间，提高成形精度，降低设备闲置率，有利于控制成本，如将自动铺放与超声切割、热成形等其他工艺结合，可以实现复杂构件低成本制造。

5）"干铺丝"技术。采用部分浸渍热塑性树脂（≤8%）的预浸纱，铺丝形成预制件后再经液体成形制造大型构件。干丝宽度为 500~1000mm，速度>30m/min，可成形大型尺寸构件。"干铺丝"是一种集预浸料成形和液体成形优点于一体的技术，目前已经成功应用于俄罗斯的 MS-21 机翼上，并显示出极好的应用前景。

2. 纤维缠绕成形技术

随着复合材料产业的快速发展，高性能产品的需求也在持续地促进纤维缠绕成形技术的创新与发展。

由于纤维缠绕复合材料的快速发展，其应用范围越来越广，因此对其精度、生产率、灵活性提出了更高的要求。纤维缠绕成形技术在今后的发展趋势为向大型化和小型化方向发展，如风电领域的大型风力发电机叶片，航空航天领域的火箭发射管、火箭燃料液体储罐等，多样化、复杂形状的小型零部件。大型化指的是可以实现超大型工件的高效缠绕成形，需达到以下技术指标：工件长度不小于 50m，直径不小于 5m，纤维丝束宽度不小于 300mm，缠绕速度不低于 60m/min。小型化指的是实现小型零部件的精细化制造，尤其是缠绕小型复杂构件，包括轴不对称和双凹面部件，需达到以下技术指标：工件直径不大于 30mm，缠绕精度不大于 0.02mm，可完成弯管、三通、四通等复杂件的缠绕成形。

3. 连续拉挤成形技术

从国内外发展趋势来看，连续拉挤成形主要用于生产大尺寸、复杂截面、厚壁产品，发展重点为新型复合材料，可用于电力传输、民用工程、交通运输等领域，连续拉挤成形研究主要集中于工艺复合、异形产品成形、性能评价、损伤与失效评价及结构功能一体化。同时随着各种电子设备、树脂注射、模具设计等不断优化及提升，新的连续拉挤成形工艺也将不断涌现。随着连续拉挤成形技术的不断完善，拉挤截面形状不再是单一的，截面尺寸也可改变。未来在复合材料制品多样化、高性价比、低碳环保等市场需求推动下，复合材料连续拉挤成形设备将持续创新，并向着高度自动化、低成本、模块化、专机集成化、信息化、智能化及多工艺复合化的方向发展。

4. 液体成形技术

随着复合材料制造综合能力的提升，以及自动化预成形、注胶仿真分析技术的不断更新和发展，液体成形技术将会越来越成熟，制造成本低廉等技术优势也会越来越明显，其应用领域和范围将不断拓展。

随着全球合作的加快、工业 4.0 的推进和国内外技术交流的深入，"主制造商+材料供应商+设备供应商"的联合研发与深化合作模式将在未来的液体成形技术应用攻关中发挥更加突出的作用，在突破适航验证、成果应用转化等方面通力合作，技术应用的配套支持能力将不断提升。

随着液体成形技术的深入，以及纤维的体积含量等技术指标的提高，液体成形技术在航空航天领域的应用将从次承载结构逐步向主承载结构转变，从小型化构件到大型化构件，市场会得到进一步的扩展。

5. 热压罐成形技术

热压罐成形技术的发展正逐步向机械化、自动化和快速化转变。连续纤维预浸料的成形周期已从数小时缩短到数分钟或数十秒，各种成形设备，如片状模塑料（SMC）生产线、浸胶机等，正在向专业化方向发展。为了满足对轻量化的需求，连续纤维及其织物的定向增强技术越来越多的用于轻量化设计和零件制造领域。目前，热压罐成形技术已发展为国内最成熟的热固性树脂基复合材料成形工艺，飞机机翼、机身等承力部件多以热压罐成形为主，未来发展趋势将向大尺寸、自动化方向发展。

4.4　面向 2035 的复合材料构件成形关键技术及装备

4.4.1　基础前沿技术及装备

1. 热塑性复合材料的高效智能化自动铺放工艺及装备

手工铺层属劳动密集型且质量不稳定，提高铺层效率、降低废品率和提高质量的主要途径是实现铺层自动化，如纤维自动铺带技术。国外航空领域已广泛使用自动铺放技术制造复合材料构件，如 F-22 起落架舱门、电子邮件锁帽等，以及 A380 飞机的翼缘、翼肋、连接角片和方向舵等，在航天领域中的通信卫星上也有成功应用。国内主要使用的是聚氨酯基复合材料，纤维增强聚氨酯复合材料初凝时间短，可以大幅度地缩短成形周期，并且具有良好的抗冲击性和柔韧性，能够较好地控制成本，提高铺放效率。

未来，该技术旨在降低铺放成本至 50% 以上，铺放效率提高 50% 以上，可基于对象和性能要求，给出智能化铺层建议。热塑性复合材料自动铺放设备可实现宽度为 100mm 的热塑性预浸料的铺放，铺放速度不低于 30m/min。"干铺丝"铺放成形的宽度为 500~1000mm，铺放速度不低于 30m/min，成形大型尺寸构件，最大长度不小于 100m。

2. 大型化缠绕成形技术

缠绕成形技术可以根据具体应用需求进行灵活的设计和定制，通过调整缠绕角度、纤维层厚度和纤维取向等参数，实现对复合材料结构的精确控制和优化。同时，由于纤维材料在缠绕成形过程中得到均匀分布，使复合材料构件具有优异的强度、刚度和疲劳性能，而且缠绕成形技术可以通过自动化设备实现高效的生产过程，提高生产率和一致性。自动化控制系统可以实现精确的纤维缠绕路径和参数控制，减少人工操作和错误。

未来，形成可以高速缠绕、纤维宽度大于 300mm 的能力，达到国际缠绕大型构件水平，实现超大回转体的高效化制造，在装备技术方面，需要配备大型多工位、多轴移动式柔性模块化缠绕机，工艺技术上能够大幅缩短产品设计周期、减少废品率、提高制品的质量。在软件技术方面，我国尚未开发出完整的 CAD/CAM 系统，为了提高纤维缠绕机器人轨迹平滑性和平稳性，亟须自主开发一套国产的 CAD/CAM 缠绕成形软件。

3. 多工位、多工序集成化作业

复合材料构件制备工艺链比较长，转运周期长，生产率低，实现多工序的集成化作业势在必行。对于复合材料构件制备多工序的集成化作业，由于自动铺放等成形系统复杂，可靠性是保障效率和质量的根本。同时，铺放的质量监测问题、模具工装技术、质量控制技术、各个工序的协同配合问题等均需要深入研究，以充分发挥自动铺放成形工艺的优势。多工位、多工序的连续集成化作业，能大幅度缩短转运周期，提高效率和精度，设备运行空闲率低，有利于控制成本。

4.4.2 共性技术及装备

1. 大型结构件一体化液体快速成形技术及装备

液体成形技术是业界公认的低成本制造技术之一，对于大尺寸、复杂及高强度结构件制造具有显著的成本优势。先进复合材料制造技术的低成本化有力地推动了液体成形工艺及其装备技术的飞速发展。由于液体成形技术是利用干态纤维纺织物进行起模，如果没有科学的定型，纤维纺织物易发生移动、移位，内部纤维屈曲，这样不但破坏了增强材料原有的结构类型，导致复合材料承载能力下降，还会导致环氧树脂流通性充模环节复杂、难以预测，导致复合材料产品的结构产生干斑、划分层次之类的工艺缺陷，严重影响复合材料性能。因此，需要继续研究和改进液体成形技术。

2. 热压罐内温压场控制技术

复合材料热压罐成形工艺是目前最为广泛使用的成形方法，它能为热固性树脂基复合材料提供固化所需要的温度和压力。但是，采用热压罐成形的构件可能会出现许多质量缺陷，如断裂、气泡和纤维屈曲等。许多工作已经证实，这些缺陷对成形后复合材料构件的刚度和强度有着不利的影响。随着对复合材料构件的需求逐步增大，提高其成形质量，是目前亟须解决的问题之一。

目前的计算机模拟技术已经成为获取模具近似温度和压力分布的一种常用方法，相对于试验测量温压场的方法，可以获得模具上任意位置的温度值，同时可以清晰观察模具的整体温度分布云图和罐内的气体流动情况。在保证模具刚度要求的前提下，要考虑散热孔形状、支撑板厚度、多模具垂直入罐间距和骨架式支撑结构对表面温度均匀性的影响。

温度场的均匀性不仅决定和影响模腔中树脂的流动充填性能，而且对纤维的浸润性能，以及对复合材料整体性能和制品内应力都有较大的影响，因此需要根据产品要求设计密封圈布置位置、方式及数量，解决模具配合间隙、顶出系统、抽真空系统位置设置等难题。

3. 智能化纤维缠绕复合材料成形技术及装备

智能化纤维缠绕复合材料成形是一种基于智能化技术的复合材料制备方法，通过纤维缠绕机械系统和智能控制系统的协同作用，实现对复合材料的自动化缠绕和精确控制。在这种方法中，纤维缠绕机械系统负责将预先浸渍的纤维材料以一定的缠绕角度和张力逐层缠绕在模具或工作台上，形成复杂的三维结构，智能控制系统则通过传感器和反馈机制，对纤维缠绕过程中的参数进行实时监测和调整，以确保纤维的正确位置和紧密连接。智能化纤维缠绕复合材料成形具有高度的自动化和精确性，能够实现复杂结构的制备，提高生产率和产品质量。亟须研究缠绕成形数字化过程建模、仿真及优化理论和方法，同时研究高速高精度缠绕、复杂异形件缠绕、多工艺复合等关键技术。

4. 小型化精细化缠绕成形技术及装备

小型化是实现小型零部件的精细化制造，尤其是缠绕小型复杂构件，较为典型的有电缆式纵环向缠绕和新型缠管缠绕。小型化缠绕成形可实现多路进纱，大容量进丝缠绕，缠绕速度快，布丝均匀，能够沿模具进行往复运动，同时可减少孔外纤维堆积，提高容器壁厚的均匀性，适用于生产无封头的筒形容器和各种管道。

5. 拉挤-缠绕复合工艺及装备

该工艺是在拉挤工艺固化成形前适当引入缠绕工艺，构成以拉挤工艺为主，配以缠绕工艺的复合材料成形系统，能够实现连续生产，减少材料消耗，保证纤维排布的稳定性。可以根据制件力学性能要求，进行外、内、中间、夹层四层拉挤-缠绕生产，增加强度、韧性，也可以在纵向、环向排列密集的增强纤维，使制件的纵向、横向拉伸强度得以提高，并同时具有拉挤工艺和缠绕工艺的技术优点。拉挤-缠绕制件的性能可设计性很强，可通过改变缠绕铺层和缠绕角来改变其性能，其中拉挤工艺与模具的关系是提高整个拉挤-缠绕工艺水平的关键。

6. 湿法缠绕成形工艺及装备

复合材料湿法缠绕成形是一种制备复合材料结构的工艺方法，该方法涉及将纤维材料通过浸渍于树脂浆料中，然后通过缠绕机械设备将纤维材料逐层缠绕在旋转的模具或工作台上。在缠绕过程中，纤维材料不断被浸渍的树脂浆料包裹，形成多层纤维叠加的结构，通过控制缠绕角度、纤维层厚度和纤维方向，可以实现定向增强和设计复杂的几何形状。此外，湿法缠绕成形还可以灵活地调整纤维含量和树脂浆料的性质，以满足不同应用需求。制约湿法缠绕成形广泛应用的关键因素包括：适合湿法缠绕成形用环氧树脂品种太少，湿法缠绕的过程控制难度大，工艺速度相对较慢，浸渍和固化过程需要一定的时间等。

4.4.3 卡脖子技术及装备

1. 干纤维自动铺放与新型液体成形技术结合

由于热压罐成形工艺投资成本高，结构复杂，成形时需要耗费大量的能源，对环境不友好。为了打破国外热压罐成形在大型结构件上的垄断地位，解决液体成形复合材料制件的纤维含量和成形质量控制方面问题，结合液体成形成本低、工艺简单、节省材料等优点，提出了干纤维自动铺放与新型液体成形结合的工艺。

干纤维铺放浸渍工艺是一种具有较高制造技术水平与效率，可保证产品质量和降低成本的新兴复合材料成形工艺。干纤维铺放浸渍工艺采用自动铺放技术将干纤维和热塑性纤维丝制成预制体，通过液体成形得到结构件。该工艺具有可以节省大量的纤维预浸、运输等费用，设备投资能耗较低，构件重量更轻的优势。

作为一种新兴的复合材料低成本制造技术，干铺丝-液体成形技术已在航空航天领域得以应用，俄罗斯率先将其应用于大型商用客机 MS-21 的机翼制造上。国外对于干铺丝-液体成形技术的研究仍处于保密阶段，为弥补国内干铺丝-液体成形技术研究的空缺，亟须开展相关研究。

2. 高精度超大型模具设计工艺

工程化模具设计是为了适应智能化生产线节拍式高效生产，主要要求模具能够快速装卸，模具转运过程的姿态位置信息可精确采集，应用便捷，脱模高效并重复准确装载。模具设计不仅需要考虑工程、工艺参数输入，还需要考虑制造加工能力、运输、使用及相关设备能力等因素，使设计出的模具不仅能制造出合格的复合材料制件，还能达到降低成本、方便使用的更高目标。目前，减重、变形控制、人性化设计等是模具优化的发展方向。

复合材料模具是成形中的关键部件，产品质量取决于模具质量的好坏，其设计制造水平直接关系到制件的质量和使用寿命，影响着整个系统的性能。大型结构件主要关注的是生产率和精度，外观质量及使用寿命的要求，模具材料要有足够的强度和刚度，保证模具在使用过程中不易损坏。同时，为了实现超大型构件制造，需满足便于拼装、运输，易于制造和脱模等需求，亟须开展高精度超大型模具设计工艺研究。

3. 真空灌注成形工艺及装备

真空灌注成形工艺首先将增强纤维材料铺放在分离层上，在其上铺放具有高渗透性的化学物质，然后使用机械泵对整个工作区进行封闭，采用塑料膜覆盖以确保良好的密封性。在进行机械泵灌浆成形时，有机挥发物的含量较低，同时这种工艺的实施减少了施工人员与有害物质的接触，满足了公众对环境保护的需求，改善了工作环境，同时也提高了工艺的使用便利性。另外，就产品的特点而言，机械泵有助于可以充分地排除气泡，减少商品气孔率，生产加工受到人为因素的影响较少，产品质量稳定性好，外观经济实用，产品表观质量良好。灌浆成形工艺对于环氧树脂的黏度要求比较严格，通常黏度保持在 0.3Pa·s 以下，所选用的环氧树脂应具有很强的工艺性能、耐腐蚀、凝固收缩少等特点。增强材料须与环氧树脂胶流动阻力低，浸润性强、断裂韧性大，铺覆性良好、品质匀称度高。

4.5 面向 2035 的复合材料构件成形工艺及装备发展目标与技术路线图

4.5.1 发展目标

到 2025 年左右，在液体成形技术方面，预计可突破液体成形关键材料制备技术，完善纤维预制体制备及液体成形工艺的制造系统工程理论。在热压罐成形技术领域，预计可突破湿法压坯成形（WCM）、纤维复合材料直接成形（DFCM）、旋转成形（RPM）、玻璃毡热塑性复合材料（GMTex）、定向长纤维热塑性复合材料（Tailored LFT）、连续纤维布置热成形（FiberForm）等新型热压罐成形工艺理论研究，开发具有自主知识产权的复合热压罐成形工艺及制造技术装备。在纤维缠绕成形技术方面，预计可突破缠绕成形数字化过程建模、仿真及优化理论和方法，实现管道、压力容器、储氢气瓶等轴对称回转复合材料制品自动化及柔性化生产线研制。在自动铺放成形技术领域，预计可突破材料自动铺放工艺性调控理论和方法，研制多种国产化自动铺放专用材料体系，重点关注自动铺放材料-工艺-装备适用性成套应用技术，发展面向特定构件的专用铺丝头构型、工艺参数调控原理技术、铺放质量在线监测技术等。在连续拉挤成形技术上，预计研制出适合于多维、大尺寸、厚壁、复杂截面等连续化复合材料制品的连续拉挤成形工艺、材料体系和装备。复合材料固化技术领域、热压罐成形预计仍是工业广泛运用的技术，相关的温度、压力控制系统开发及进一步升级，工艺设计趋于智能化、数字化，能满足更多复合材料构件制造需求。

到 2030 年左右，在液体成形技术方面，预计可突破热压预定型技术、高精度混合注射技术、四角动平衡液压技术、高精度模具制造等技术及装备，实现飞机机翼和机身隔框、汽车车身、船体等典型承力结构件在相关领域的工程化应用。在热压罐成形技术领域，预计可实现工艺装备的数字化、网络化，实现典型航空承力结构件的热压罐成形，替代现有的铝或钛及其合金材料结构件。在纤维缠绕成形技术方面，预计将会结合数据采集、处理及决策等信息化技术，从传感网络、制造数据实时采集、处理及决策、制造过程精确控制等方面实现缠绕成形系统柔性化、精确化和网络化，完成高速高精度缠绕、复杂异形件缠绕、多工艺复合、热塑性复合材料结合原位固结等技术及装备的研制和应用，并实现纤维缠绕 CAD/CAM 基础理论的技术突破。在自动铺放成形技术领域，预计可建立面向自动铺放成形的、具有自主知识产权的技术体系，面向重点工程应用，突破高效自动铺带机、高柔性自动铺丝机、多工位自动铺放机器人、干丝铺放技术与热塑性铺放技术的技术瓶颈。在连续拉挤成形技术方面，预计会研制出复合材料连续拉挤成形制品自动化及柔性化生产线，结合数控、集成制造系统、柔性制造单元、计算机辅助设计的连续成形装备研制，实现复合材料连续拉挤成形制品全自动化生产及应用。在复合材料固化技术领域，非热压罐成形技术将逐渐运用于工业制造中，由于其高效低成本的优势，将成为复合材料精确制造的重要方法之一；与此同时，非热压罐成形技术的工艺调控同样在实现智能化方向努力。热压罐成形技术较为成熟，依然可作为制造高质量复合材料的方法。

到 2035 年左右，在液体成形技术方面，预计可突破复合材料构件液体成形技术在关键主承力结构件的应用，实现低成本液体成形构件对热压成形罐制件的替代，形成数字化、智能化、绿色化的液体成形技术装备系统，并完成系统优化，实现液体成形复合材料构件之间 CAD/CAPP/CAM/CAE 一体化设计、分析、优化和智能化制造。在热压罐成形技术领域，预计完成热压罐成形技术在承力结构件的大范围扩展应用，初步实现热压罐成形承力结构件制备技术装备的智能化和数字化，以及车间和工程的网络化。在纤维缠绕成形技术方面，预计初步实现纤维缠绕复合材料制品成形系统智能化制造及应用，建立起统一的多学科建模、设计、仿真、分析、优化、智能运行及制造平台，实现纤维缠绕复合材料制品数字化、网络化、智能化制造过程中各组成要素间存在的复杂交互分析、解耦及智能控制。在自动铺放成形技术领域，预计可研制出具有自主知识产权的高效、低成本、自动化成形技术装备-材料体系-成形工艺-CAD/CAM软件，并实现相关技术的系统化、数字化、智能化，满足国防、航空航天、民用领域的需求。在连续拉挤成形技术领域，预计初步实现复合材料连续拉挤成形系统智能化制造及应用，实现整个成形过程中的智能计算、生产计划监督与调度、质量控制等。在复合材料固化技术领域，非热压罐成形技术逐渐成为复合材料构件制造的主流技术，更多研究将关注于其装备水平的提升，并推广于更多的材料体系，实现通用化、集成化、智能化的复合材料构件制造。

4.5.2　技术路线图（见图 4-20）

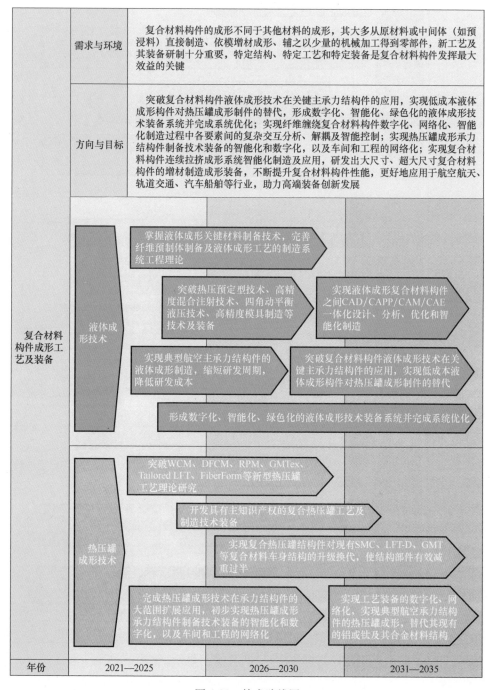

		掌握液体成形关键材料制备技术，完善纤维预制体制备及液体成形工艺的制造系统工程理论	

需求与环境　复合材料构件的成形不同于其他材料的成形，其大多从原材料或中间体（如预浸料）直接制造、依模增材成形、辅之以少量的机械加工得到零部件，新工艺及其装备研制十分重要，特定结构、特定工艺和特定装备是复合材料构件发挥最大效益的关键

方向与目标　突破复合材料构件液体成形技术在关键主承力结构件的应用，实现低成本液体成形构件对热压罐成形制件的替代，形成数字化、智能化、绿色化的液体成形技术装备系统并完成系统优化；实现纤维缠绕复合材料构件数字化、网络化、智能化制造过程中各要素间的复杂交互分析、解耦及智能控制；实现热压罐成形承力结构件制备技术装备的智能化和数字化，以及车间和工程的网络化；实现复合材料构件连续拉挤成形系统智能化制造及应用，研发出大尺寸、超大尺寸复合材料构件的增材制造成形装备，不断提升复合材料构件性能，更好地应用于航空航天、轨道交通、汽车船舶等行业，助力高端装备创新发展

复合材料构件成形工艺及装备

液体成形技术

掌握液体成形关键材料制备技术，完善纤维预制体制备及液体成形工艺的制造系统工程理论

突破热压预定型技术、高精度混合注射技术、四角动平衡液压技术、高精度模具制造等技术及装备

实现液体成形复合材料构件之间CAD/CAPP/CAM/CAE一体化设计、分析、优化和智能化制造

实现典型航空主承力结构件的液体成形制造，缩短研发周期，降低研发成本

突破复合材料构件液体成形技术在关键主承力结构件的应用，实现低成本液体成形构件对热压罐成形制件的替代

形成数字化、智能化、绿色化的液体成形技术装备系统并完成系统优化

热压罐成形技术

突破WCM、DFCM、RPM、GMTex、Tailored LFT、FiberForm等新型热压罐工艺理论研究

开发具有自主知识产权的复合热压罐工艺及制造技术装备

实现复合热压罐结构件对现有SMC、LFT-D、GMT等复合材料车身结构的升级换代，使结构部件有效减重过半

完成热压罐成形技术在承力结构件的大范围扩展应用，初步实现热压罐成形承力结构件制备技术装备的智能化和数字化，以及车间和工程的网络化

实现工艺装备的数字化、网络化，实现典型航空承力结构件的热压罐成形，替代其现有的铝或钛及其合金材料结构

年份	2021—2025	2026—2030	2031—2035

图 4-20　技术路线图

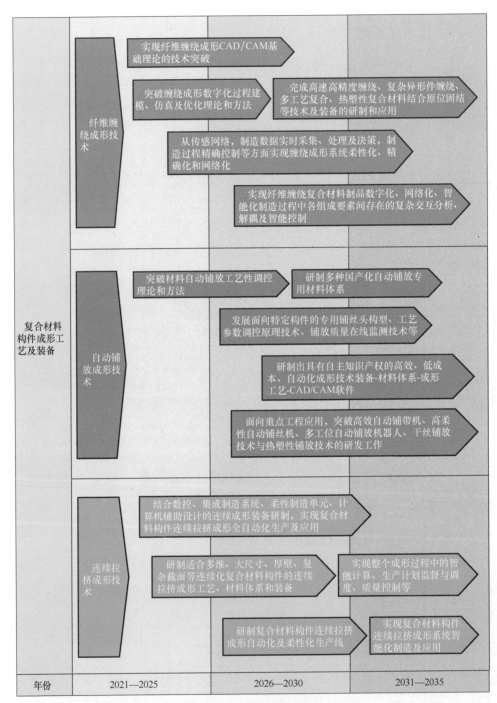

图 4-20　技术路线图（续）

第 **5** 章
复合材料构件增材制造技术与装备

5.1 技术内涵概述

增材制造技术始于 20 世纪 80 年代，其市场规模自技术创始呈指数态势大幅增长。据国际增材制造权威研究机构 Wohlers Associates 发布的增材制造产业报告显示，2021 年全球增材制造市场规模达到 152.44 亿美元，相比 2020 年增长19.5%，过去 4 年（2018—2021 年）平均年增长率为 20.4%。复合材料增材制造技术具有不需要模具、数字化程度高、可一体化成形复杂结构等优点，具备良好的发展前景。复合材料构件增材制造的迅速发展使其逐步成为全球热点关注领域，攻克纤维增强树脂基复合材料构件的工艺优化设计及高质量界面调控难题，解决多材质大尺寸设备研制的难题，提升增材制造纤维增强复合材料构件的成形质量和力学性能，研发大型、超大型复合材料构件的高效率增材制造成形装备，实现其在航空航天、轨道交通、汽车、船舶等行业的重大应用，是该成形技术当前正在实践的创新发展方向。

增材制造原理如图 5-1b 所示，通过采用"自下而上"逐层累加的方式，可实现复合材料构件的数字化一体化成形，规避了传统减材制造（见图 5-1a）材料利用率低等问题，更突破了传统等材制造难以成形复杂构件的限制。同时，与传统复合材料构件生产工艺相比，增材制造在与智能化、数字化控制的结合领域也显示出突出的优势，可通过结合工业自动化、逆向工程和计算机辅助设计等数字化元素，实现复合材料构件设计、成形、制造的一体化和全数字化控制。

根据成形原理与方法的不同，增材制造技术主要可以分为熔融沉积成形（FDM）、激光选区烧结（SLS）、立体光固化成形（SLA）和三维立体打印

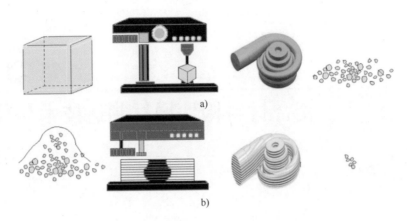

图 5-1　减材制造与增材制造原理对比

a）减材制造　b）增材制造

（3DP）等。复合材料构件增材制造除具有增材制造所带来的节省材料、快速成形等共性优势，其独特的优越性还体现在可以通过对纤维取向、种类及排布的控制，实现材料在细观上的"隔断效应""传递效应"和"突变效应"，从而获得优异的构件宏观力学性能，以及光、电、声、热等功能特性。

纤维增强树脂基复合材料构件增材制造仍面临一些难点及挑战，主要集中于以下三点：

1）多物理场的耦合工艺下，碳纤维与树脂基层间缺陷控制和界面黏合质量调控难。增材制造逐层堆叠的成形方式导致增强纤维只能沿平面内方向放置，在垂直于成形面的方向无法实现有效的三维连接，层间是富树脂区，是孔隙缺陷和纤维折断、磨损的聚集处，容易成为微观损伤和破坏的起源，成为服役过程中的薄弱环节。

2）多材质、结构功能一体化复合材料构件增材制造实现难。面对未来超声速飞行器、武器舰船等高端装备对防热、承载一体化，抗爆、隐身、承载一体化等功能需求，如何实现纤维增强树脂基复合材料多材质一体化复杂成形及成形质量精确调控是复合材料构件增材制造亟待解决的难题。

3）低成本、大尺寸增材制造成形装备研制难。航空航天、轨道交通、汽车、船舶等应用领域对大型复杂复合材料构件成形工艺的未来发展提出了更多相关要求，但现阶段纤维增强复合材料构件增材制造的各种相关设备相对较小，无法满足大尺寸结构件的制造需求。

因此，复合材料构件增材制造技术的重要发展趋势和亟须突破的关键技术与装备主要包括层间增强技术及工艺；多材质、结构功能一体化增材制造；低成本、大尺寸增材制造成形装备；多系统协同集成增材制造装备等。复合材料构件增材制造技术与装备的发展路线图如图 5-2 所示。

图 5-2　复合材料构件增材制造技术与装备的发展路线图

5.2　重大工程需求分析

航空客运与货运在未来几年持续的高需求，将促进航空制造业发展，也将进一步推动航空航天制造领域对复合材料的需求持续增长。增材制造技术可以更高效、更快速地制造复杂的复合材料构件，当考虑复杂构件成形或小批量制造时，增材制造复合材料构件的优势具有不可替代性。目前，增材制造复合材料构件已实现了一些应用，如固定翼无人机的复杂整体主承重结构、无人机框架结构、立方体卫星结构等，图 5-3 所示为采用增材制造技术制造的飞机叶轮和天线格栅。此外，增材制造技术也可为面向未来的航空航天结构件提供创新技术支持，如可用于面向未来的发动机部件及战斗机前缘和后缘部件研制，同时也在涡轮发动机及发动机排气孔相关构件成形工艺转变方面有着较强的发展潜力和应用前景。近几年，全球航空航天领域复合材料构件增材制造需求稳定增长，结合美国空军整体发展历程，增材制造技术作为一项具有长期性且能够获得更多经济效益的综合性技术，也成为当前重要的高增值技术。

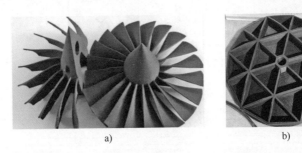

图 5-3　采用增材制造技术制造的飞机叶轮和天线格栅
a）飞机叶轮　b）天线格栅

增材制造技术在汽车、船舶等交通工具的复合材料构件制备上也具有很强的发展潜力和应用前景。以汽车行业为例，复合材料构件已大量地应用在汽车制造中以替代传统金属结构件，如车身、车门、保险杠和空气滤清器外壳等，而采用增材制造的纤维增强复合材料构件可以相同的方式成功地替换许多现存的零件。尤其是新能源汽车，对整车轻量化的迫切需求比传统内燃机汽车更强烈，其整车轻量化的实现有助于在一定程度上抵消目前电池比能量不足的问题，因此对复合材料构件增材制造技术产生了更加迫切的需求。

对于船舶与海洋领域，增材制造纤维增强复合材料构件的发展时间相对较短，但随着海军装备的发展和海洋资源的开发，海洋领域和船舶制造业对复合材料构件增材制造技术提出巨大的工程需求。例如，使用增材制造纤维增强复合材料构件可代替钢制的舰舱壁、甲板和舱门，以减轻重量。同时，增材制造可更好地设计与成形具有特定光、电、声等功能特性的复合材料构件，因此相较其他复合材料构件成形方法，增材制造具有独特的优势和前景。

民生领域是纤维增强复合材料构件增材制造的主要发展领域之一，复合材料增材制造民用产品如图 5-4 所示。采用增材制造技术成形的多种类型的纤维增强复合材料产品被广泛应用在光学设备中，如相机支架及遮光罩等。在体育用品领域，利用增材制造技术制造的纤维增强功能复合材料产品更轻、更坚固、更智能，既满足了体育用品领域对复合材料构件高强耐用、耐蚀等要求，又促进了消费品和体育用品品牌的创新潜力。

a)　　　　　　　　　　　　　　　　　　b)

图 5-4　复合材料增材制造民用产品

a）复合材料 3D 打印自行车　b）复合材料 3D 打印外骨骼和轮椅

5.3　复合材料构件增材制造技术与装备发展现状

5.3.1　国外发展现状

1. 复合材料构件增材制造材料

熔融沉积成形方式在复合材料构件增材制造中发展较为成熟，国外已实现多种纤维增强的不同树脂基体的复合材料构件的增材制造，其中使用较为广泛的树脂基体主要包括丙烯腈-丁二烯-苯乙烯（ABS）类材料、聚碳酸酯（PC）类材料、尼龙类材料等。对于 ABS 类材料，荷兰的 ColorFabb 公司开发了高延展、抗冲击的短纤维体积分数为 20% 的聚对苯二甲酸乙二醇酯-1,4-环己烷二甲醇脂（PETG）树脂基复合材料（伊士曼化工生产）。H. Tekinalp 等人开发出短纤维定取向 3D 打印成形材料，通过将 0.2~0.4mm 的短纤维加入丝材中，提升拉伸强度 115%，弹性模量 700%，同时开发了一维、二维的纳米纤维复合材料。M. Shofner 等人将气相生长碳纤维与 ABS 聚合物共混制造出增材制造用复合材料丝材，其中纳米碳纤维的含量为 10%（质量分数）。该种类材料具有高储能模量（高出平均值 68%），高拉伸强度和弹性模量（超出平均值 39% 和 60%）。

PC 类材料具备通用工程塑料的力学性能好、使用耐温高等优点，广泛应用于电子消费品、航空航天、医疗器械等领域。对于尼龙类材料，美国 Markforged 公司的产品最具有代表性，该公司开发了多种纤维-尼龙浸渍丝材，包括碳纤维、玻璃纤维和芳纶纤维等。其中，碳纤维复合材料抗拉强度达到800MPa，拉伸强度达 60GPa。聚砜（PSU）类材料热变形温度为 189℃，在热塑性材料中强度较高，耐热性较好，因而多作为最终零部件使用，多用于航空航天、轨道交通及医疗器械等行业。

聚醚醚酮（PEEK）是一种性能优异的特种工程塑料，其与聚醚酮（PEK）、聚醚醚酮酮（PEEKK）、聚醚酮酮（PEKK）等同属于聚酮聚合物家族（PAEK），可制造加工成各种机械零部件，如汽车齿轮、油筛、换挡启动盘、飞机发动机零部件、自动洗衣机转轮、医疗器械零部件等。其由于具有良好的耐温性能、较高的机械强度，成为增材制造复合材料构件最具有应用前景的基体材料之一，受到了科研工作者与应用企业的重点关注。

2. 复合材料构件增材制造工艺

根据成形原理与工艺方法的不同，复合材料构件增材制造主要分为熔融沉积成形（FDM）、激光选区烧结（SLS）、立体光固化成形（SLA）和三维立体打印（3DP）等。FDM 是复合材料构件增材制造最常用的成形工艺，在熔融沉积成形过程中，丝材在喷嘴处被熔化成熔融状态，并一层一层地挤出到成形平台上，新一层与已成形层熔合在一起，然后冷却固化成形，得到最终制件。此外，还可以通过改变打印参数（如层厚、打印方向、成形道宽等）来控制打印制件的质量。

FDM 工艺材料必须为长丝形式，以实现挤出过程。在复合长丝的制造过程中，很难均匀地分散增强体和去除形成的孔洞，同时也有显在的缺点，即可用的原材料仅局限于具有适当熔体黏度的热塑性材料。此外，在打印过程中使用的支撑结构可能很难完全拆除。但也要注意到，FDM 打印机具有的成本低、速度快和结构简单等优点，这点不可忽视。与此同时，在 FDM 打印机中可设置多个加载不同材料的挤出喷嘴，以同时打印多种材料。

SLS 是基于粉末材料进行打印。在 SLS 中，不使用液体黏合剂，而是使用受控路径的激光束扫描粉末，通过加热将其烧结。在激光的作用下，相邻粉末通过分子扩散融合在一起，特征分辨率由粉末粒度、激光功率、扫描间距和扫描速度决定。虽然理论上任何热塑性聚合物粉末都可以通过 SLS 技术制造，但在烧结过程中存在复杂的固结行为和分子扩散过程，这极大地限制了 SLS 工艺中可使用的材料范围。目前，应用最广泛的激光烧结材料有聚己内酯（PCL）和聚酰胺（PA）。

SLA 是通过紫外光斑扫描光敏树脂成形。固化前，在树脂槽中填入适量液态光敏树脂，可升降移动的载物台位于液面以下，通过计算机控制平台与液面的层厚高度；固化时，激光光斑依照计算机程序预先设定的路线沿液面逐点扫描出一个 2D 截面，曝光区域的液体树脂快速固化，每层固化后，平台降低，另一层未固化树脂准备好进行图案化。SLA 技术多使用丙烯酸和环氧树脂等聚合物材料，光引发剂含量、紫外线吸收剂含量、激光功率强度、扫描速度和曝光持续时间等工艺参数都会影响打印分辨率。SLA 技术的一个显著优势是能够打印高分辨率零件。由于 SLA 技术不使用喷嘴，因此不存在喷嘴堵塞的问题，但同时也存在一些缺点，该工艺的成本较高，在工业应用领域难以推广使用，同时还存在残留光引发剂和未固化树脂会造成污染等问题。

3DP 的工艺原理是：首先将粉末铺展在打印平台上，然后通过喷墨打印头沉积液体黏合剂在打印平台上选择性地结合成图案层，喷墨打印头能够在 XY 平面内移动，形成所需的 2D 图案后，平台降低，然后进行下一层的粉末铺展。对上述过程进行重复，最后去除无黏结粉末，即获得所需产品。决定最终产品质量的因素有粉末粒度、黏合剂黏度、黏合剂和粉末之间的相互作用及黏合剂沉积速度。这项技术的主要优点是材料可选择范围比较广，同时对增材制造过程要求的环境温度条件较低。理论上，任何处于粉末状态的聚合物材料都可以通过该技术进行打印。

3. 复合材料构件增材制造装备

国外主要的碳纤维树脂基复合材料构件增材制造设备供应商包括 Markforged、Anisoprint、Desktop Metal、APS Tech Solutions、Arevo、Continuous Composites、CEAD 等公司及相关研究机构。Anisoprint 公司开发了双喷嘴复合纤维共挤出（CFC）技术和相应的打印机（见图 5-5a），通过使用一个喷嘴进行打印，将碳纤维或玄武岩丝料共挤出。Markforged 公司开发了双喷嘴连续纤维增强（CFR）技术，通过使用双喷嘴将连续碳纤维、玻璃纤维或芳纶纤维和热塑性树脂复合打印成形。2014 年，Markforged 公司开发了商用纤维复合材料 3D 打印成形机（见图 5-5b），打印机包含两个打印喷头，可协同打印连续纤维复合材料和树脂材料，实现高表面质量的轮廓打印和高强度的内部填充结构的制造。

美国 Cincinnati 公司研发了大型增材制造（BAAM）装备，并打印了大尺寸样件，验证了使用回收的复合材料进行经济、有效的大尺寸部件 3D 打印的可行

图 5-5　国外连续纤维 3D 打印成形设备

a）Anisoprint 公司的打印机　b）Markforged 公司的打印机

性。同时，通过对 BAAM 系统进行不断开发改进，Cincinnati 公司推出了可容纳双进料口的新型挤出机设计（见图 5-6a），可实现大尺寸多材料 3D 打印。美国橡树岭国家实验室（ORNL）开发了一款大型高速 3D 打印机（见图 5-6b）以短切碳纤维和 ABS 热塑性树脂为原材料，仅用 30h 完成了 5.3m 飞机机翼模具的打印。

图 5-6　国外大型 3D 打印成形设备

a）美国 Cincinnati 公司的挤出机　b）美国 ORNL 的高速 3D 打印机

Arevo Labs 以机器人为基础研制的增材制造设备（RAM）用来打印复合材料构件。该平台由机械臂、复合沉积端执行器和一个软件套件构成。目前，该软件是专门针对 ABB IRB 120 六轴机器人，但扩展的软件也可以支持更大的 ABB 机器人型号和成形尺寸。如图 5-7 所示，意大利的 Moi Composites 公司和美国的 Continuous Composites 公司也开发了各自的机械臂多自由度复合材料构件增材制造设备。Continuous Composites 公司的连续纤维 3D 打印（CF3D）系统在打印头中使用液态热固性树脂原位浸渍连续纤维，湿丝束通过高强度的固化源实现固化。

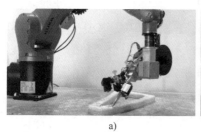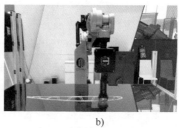

a)　　　　　　　　　　　　　　　b)

图 5-7　国外多自由度复合材料构件增材制造设备

a）Moi Composites 公司打印设备　b）Continuous Composites 公司打印设备

此外，Desktop Metal 公司通过机器人工具更换器实现 FFF 和 AFP 模组之间的切换，其 LT 型号可以打印碳纤维（CF）或玻璃纤维（GF）及尼龙 PA6，而其 HT 型号可以打印 PEEK 和 PEKK，该公司同时生产台式和工业 3D 打印机。APS Tech Solutions 公司基于 CFF 工艺，具有集成的在线切割机和带有四个打印头的自动更换系统，可用于加工多种材料，包括 PLA、ABS、PEEK 和金属、陶瓷等。

5.3.2　国内发展现状

我国的复合材料构件增材制造技术经历了近十年的快速发展阶段，目前在成形设备、软件、材料等方面研究和产业化上获得了重大进展，装备技术接近国外产品水平。国内的高校和企业通过科研开发和设备产业化，改变了该类设备早期依赖进口的局面，通过多年的应用技术研发与推广，实现了复合材料构件增材制造技术航空、航天、汽车、军工等行业的推广应用。

1. 增材制造复合材料

目前，国内应用比较成熟的增材制造复合材料的基体材料主要有 PLA、ABS 和 PA 等树脂基体，对于高性能的 PEEK 材料，国内也有许多学者开展了试验研究。增强体则根据纤维制态不同，可大体分为短切纤维和连续纤维，常用的纤维包括碳纤维（CF）、芳纶纤维（AF）和玻璃纤维（GF）等。

Ding 等人针对短切碳纤维增强 PEEK 基复合材料，基于熔融沉积成形工艺，研究喷嘴温度、打印速度等工艺参数对制件力学性能和显微形貌的影响。Zhong 等人通过将短切玻璃纤维加入 ABS 中，制备短切玻璃纤维增强 ABS 基复合材料丝材，并基于熔融沉积成形工艺进行 3D 打印。相比纯树脂制件，力学强度得到显著提升。Ning 等人将不同质量分数和长度的短切碳纤维添加到 ABS 树脂基体中，基于熔融沉积成形工艺制样，以对比纯塑料样件、不同纤维长度增强样件及不同纤维添加量的增强样件，研究其对于拉伸性能和弯曲性能的影响。赵雨花等人研究了短切碳纤维增强热塑性聚氨酯（TPU）基复合材料中不同碳纤维质量分数对力学性能和热性能的影响。Li 等人对短切碳纤维增强 PLA 基复合材料的表面摩擦磨损机理进行研究，碳纤维的加入减少了犁削作用，明显降低了摩擦因数和磨损量，提升了摩擦学性能。

针对连续纤维增强热塑性复合材料，Yang 等人研发出一种复合材料专用打印头，结合传统熔融沉积成形桌面式打印结构，实现了连续碳纤维 ABS 基复合材料打印，所打印制件的拉伸强度比纯 ABS 制件提高 5 倍多，弯曲强度提高 2 倍多。崔永辉制备的连续玻璃纤维增强 PLA 基复合预浸丝，基于熔融沉积成形工艺制备样件，研究了玻璃纤维含量、相容剂含量、浸渍模具包覆角、预浸丝的拉丝速度及浸渍温度等工艺参数对复合材料打印件力学性能、微观形貌、孔隙率等性能的影响。近年来，随着航空航天等高端领域的不断探索及工业相关制造能力的相继提升，针对高性能连续纤维增强热塑性树脂基复合材料，如 PEEK、聚醚酰亚胺（PEI）、聚苯硫醚（PPS）等高性能热塑性树脂和碳纤维、玻璃纤维等复合材料的应用研究已成为国内外的热点方向之一。

国内也有学者开展了基于 SLS 的复合材料构件增材制造研究。华中科技大学的 Yan 等人申请了一项针对短切纤维增强热固性复合材料成形方法的专利，制备黏合剂和短切纤维的复合粉末、激光选区烧结成形含孔隙的预成形体、制备液态热固性树脂池浸润预成形体、固化预成形体和后续打磨抛光。宝鸡合力叉车有限公司王凡采用 SLS 方法，以成形件的成形精度和成形强度作为衡量指标，对聚苯乙烯基复合材料的成形性能进行了研究，同时通过高温烧灼对各材料成形件的灰分残余量进行了测试。结果表明，在众多的聚苯乙烯（PS）基复合材料中，PS/GF、PS/CF 复合材料的成形精度最为优良，PS/AF 复合材料的成形强度最为优良，而对于成形件的烧灼灰分残余而言，PS、PS/PE、PS/PC 三种复合材料基本相当。东北林业大学张慧研究了组分配比对纤维素/聚乳酸的激光选区烧结工艺及制件成形性能的影响。借助分子动力学模拟方法分析纤维素添加量对纤维素/聚乳酸相容性和激光选区烧结过程分子间相互作用的影响，从分子层面探明宏观组分配比对材料成形性能的影响。同校的王磊以碳纤维作为填料，以聚醚砜树脂（PES）为基体，对 CF/PES 复合粉末的激光选区烧结成形性能进行了数值模拟与烧结试验研究。华中科技大学徐林以开发用于 SLS 直接制造高性能塑料结构件的碳纤维/尼龙 12 复合粉末为目标，对该复合粉末材料的制备、烧结工艺及烧结件力学性能进行了研究。海军航空大学赵培仲等人将双（3,4-环氧环己基）甲基己二酸酯和甲基丙烯酸丁酯混合构成互传聚合物网络，并以此为光固化复合材料树脂基体，研究了组分比例对碳纤维增强树脂基复合材料拉伸性能的影响。

对于立体光固化增材制造复合材料，权利军在常规立体光刻打印设备上增加了自动循环搅拌系统，分析了短纤维长度及添加量对复合材料力学性能的影响。东华大学廉絮等人通过 LED 紫外光固化技术制备了玻璃纤维增强不饱和聚酯树脂复合材料，进行了热重分析及力学性能测试，讨论了光引发剂种类及浓度、紫外光波长、光照强度和光照时间对固化及制品性能的影响。北京化工大学周学刚设计并制备出连续玻璃纤维增强光固化树脂基复合材料，并对其性能进行测试。广东工业大学王世崇通过化学氧化的方式对短切碳纤维的表面进行改性，再将改性后的短切碳纤维与光敏树脂进行复合得到改性碳纤维/光敏树脂（MCF/PR）复合材料，并对其光固化动力学和 3D 打印样件的力学性能进行了详细研究。中国科学技术大学胥国勇设计开发了一种基于光固化的生物打印系统，打印了载有 C2C12 肌肉细胞的 GelMA 水凝胶纤维，分析了不同紫外光强和水凝胶流量下的可打印范围、纤维平均线宽和均匀性。北京化工大学林松等人采用不同浓度的聚甲基丙烯酸甲酯（PMMA）丙酮溶液对玻璃纤维进行表面处理，并对不同处理条件下的玻璃纤维表面化学组成、PMMA 的吸附量及齿科树脂基复合材料的力学性能和界面性能进行了分析和测试。

2. 复合材料构件增材制造工艺

（1）熔融沉积成形工艺　增材制造的工艺参数对成形构件的性能具有决定性作用，工艺参数的优化可提高成形构件的服役性能。目前，国内的研究工作者采用多种试验设计方法来探究成形温度、分层厚度、成形方向、成形路径和温度等参数对成形构件强度、模量和尺寸精度的影响。

增强体短纤维自身状态对成形性能有重大影响。在纤维含量上，中国科学院赵雨花等人研究了不同碳纤维质量分数（10%、15%、20%、25%、30%、40%）的碳纤维增强 TPU 复合材料的力学性能和热性能。结果表明，当纤维质量分数为 25% 时，拉伸强度出现最大值。温度场直接影响纤维和树脂的浸渍过程、成形层间的黏结过程和成形件的翘曲变形等，成形速度参数的调整最终也体现在温度场。Zhang 等人采用有限差分法建立了温度随时间和空间变化的自适应的三维瞬态数学模型，用于预测成形参数对温度梯度的影响规律。西安交通大学 Tian 等人试验研究了喷头温度、成形道路间距和打印速度等工艺参数，发现最优温度为 200~230℃，成形温度的提升可改善纤维和树脂间的浸渍程度，增加纤维/树脂界面的强度，在该成形条件下，当纤维质量分数为 27% 时，弯曲强度可提升至 335MPa。此外，分层厚度、成形路径和成形速度等参数也会改变纤维含量和层间的压实状态，进而影响构件的力学性能。

连续纤维复合材料在成形过程中需要经历熔融、凝固等相态变化，温度场、压力场的耦合作用，纤维和树脂的物理、化学界面黏合等复杂的工艺过程。需要控制成形工艺参数，掌握树脂对纤维的熔融包覆和浸渍机理，掌握工艺参数对结合界面的优化机理，解决纤维含量低、浸润性差、界面结合强度低的问题，提升成形件的服役性能。西安交通大学 Luo 等人在打印连续纤维增强 PEEK 复合材料时，采用激光器对制件表面进行实时预热，显著提高了打印制件的层间剪切强度，同时对激光器功率与打印速度进行了匹配优化，使得制件层间结合性能大幅度提高。西安交通大学明越科等人开展了针对连续纤维增强热固性树脂复合材料 3D 打印成形的研究，测试了纤维质量分数为52% 时打印样件的拉伸强度、弯曲强度及层间剪切强度。西安交通大学 Yang等人也基于原位浸渍原理进行了连续纤维增强复合材料 3D 打印的研究。江南大学刘良强等人研究了打印工艺参数，如层高、线宽、温度等对连续芳纶纤维增强聚乳酸复合材料的拉伸性能和压缩性能的影响。南京航空航天大学 Li等人基于原位浸渍工艺，在打印前对碳纤维表面进行了改性处理，提高了改性碳纤维打印样件的拉伸强度和弯曲强度，改善了 3D 打印复合材料界面性能差的问题。

（2）激光选区烧结工艺　Yan 等人通过粉末床熔融工艺制备出了碳纤维质量分数为 10% 的短碳纤维增强 PEEK 复合材料，其拉伸强度达到 109MPa，相比注射成形的纯 PEEK 材料性能提升达 85%。西安交通大学晏梦雪对 PEEK 的粉末床熔融成形工艺开展了研究，为提高粉末床熔融成形 PEEK 制件的强度，制备出含有碳纤维的 PEEK 复合粉末，并研究了碳纤维增强 PEEK 复合材料的粉末床熔融成形工艺，探索了分层厚度、激光能量密度等工艺参数及碳纤维含量对复合材料制件性能的影响，以实现高性能 PEEK 复合材料的增材制造。江西理工大学楚少生研究了激光选区烧结工艺参数，如构造方向和纤维取向等对碳纤维增强尼龙树脂基样件黏结性能的影响。结果表明，在纤维垂直于黏接表面的情况下，可以最大限度地抑制纤维撕裂失效，从而获得最高的断裂韧度（$G_{IC} = 2600J/m^2$）。

（3）立体光固化成形工艺　浙江理工大学权利军基于光固化 3D 打印技术原理，将自动循环搅拌系统安装在成熟的 3D 打印设备上，使该自研设备能够制备短纤维增强 3D 打印材料，并针对该自研设备设计了一套制备短纤维增强 3D 打印复合材料的工艺流程，同时还成功制备出短纤维增强光固化 3D 打印复合材料，对短纤维光敏树脂悬浊液中短纤维的分散均匀度进行了研究，并对利用该工艺方式制备的样件的力学性能和界面进行了研究分析。浙江理工大学宋星采用光固化 3D 打印技术制备了玻璃纤维增强复合材料，分析了玻璃纤维经硅烷偶联剂改性处理，以及玻璃纤维的铺层方式对复合材料制件力学性能的影响。西安科技大学的宗学文研究了光固化过程中丙烯酸酯磷酸酯促进剂（KM2160）对碳化硅/环氧树脂复合材料（SiC/EP）性能的影响，通过红外光谱、邵氏硬度测试、压滤纸法等检测方法进行了测试与表征。结果表明，在 SiC/EP 复合材料中加入一定比例的促进剂能够有效优化光固化成形加工性能。海军航空大学赵培仲实现了脂环族环氧树脂（CEP）及其和甲基丙烯酸丁酯（BMA）共混物的 UV 光引发前沿聚合，通过对聚合过程中反应物温度的监测，分析了对热敏感的阳离子引发剂对聚合前沿下移速度的影响。结果发现，以 CEP 或 CEP/BMA 为基体，以碳纤维为增强相制备复合材料，可以实现 UV 快速固化，并具有较好的力学性能。东华大学李楠以羟基磷灰石（HAP）纳米颗粒及聚甲基丙烯酸甲酯（PMMA）为主要原料制备出直径均匀、取向良好的 HAP/PMMA 纳米复合纤维，并对复合纤维进行研磨，将其作为填料，与微纳米二氧化硅按一定比例填充，使用制备的该材料进行光固化成形，得到齿科复合材料。

3. 复合材料构件增材制造装备

在纤维增强复合材料构件增材制造设备中，小型打印机已实现商业化，在科学研究和工业生产中得以应用，其成形工艺和性能正在逐步完善。然而，我国的大尺寸成形装备的研发尚处于实验室阶段，其在航空航天领域的应用也处于探索阶段。

陕西斐帛科技发展有限公司研发了桌面型的打印设备 COMBOT-1，如图 5-8a 所示。成形构件尺寸为 250mm×170mm×120mm，成形材料进一步丰富，可成形 PLA、ABS 和 PA 型基体的复合材料。大尺寸的成形装备是采用数控技术，通过数字化、自动化的手段实现连续纤维复合材料的层层堆积。由于尺寸效应，在成形过程中需要精确控制喷头、成形面、成形室等温度参数，成形压实力、张紧力等力学参数，送料速度、扫描速度等速度参数，从而实现高浸渍效果和层间结合质量的连续纤维复合材料构件的制造。中国机械科学研究总院集团有限公司通过数控系统驱动直线坐标和成形喷头，实现成形过程中的空间定位和沉积成形，开发出熔融沉积成形大尺寸构件增材制造设备（见图 5-8b），成形构件最大尺寸为 2500mm×1500mm×500mm，重复定位精度达到±0.1mm，打印速度可达 800mm/min。

图 5-8　国内复合材料构件增材制造设备

a）桌面型打印设备　b）大尺寸构件增材制造设备

2020 年 5 月 5 日，进入预定轨道的载人飞船试验船上搭载了一台我国自主研制的"复合材料空间 3D 打印系统"，如图 5-9 所示。科研人员将这台"3D 打印机"安装在试验船返回舱之中，这套复合材料空间 3D 打印系统在飞船运行过程中完成了连续纤维增强树脂基复合材料的样件打印，验证了复合材料 3D 打印在微重力环境下的可行性。这是我国首次太空 3D 打印试验，也是国际上第一次在太空中开展连续纤维增强复合材料的 3D 打印试验。

图 5-9　复合材料空间 3D 打印系统

5.3.3　国内外技术差距

纤维增强树脂基复合材料的增材制造技术是当前国内外研究的热点。国内在短纤维和长纤维增强复合材料方面，通过对成形机理和工艺的不断探索和研究，成形件的力学性能得到不断提升。

针对复合材料构件增材制造的材料，目前美国和日本在碳纤维的制造和应用领域的生产技术遥遥领先，生产的高性能碳纤维约占全球总产量的 80%，对我国的材料进行禁运且严格限制用途。目前，国产碳纤维仍然面临 T1100、M65J 等高级别碳纤维稳定生产能力有限，产品在使用过程中经常出现损伤和断纱缺陷等问题，难以满足航空航天等军工领域的需求。在树脂基体方面，欧美等发达国家在此领域明显处于领先地位，研究和开发比较多的特种工程塑料有 PEEK、PPS、PI（聚酰亚胺）、PSF（聚苯硫醚）、PES、PPSU（聚苯硫醚砜）等。相比而言，我国目前还以增强工程塑料或通用塑料为主，在以特种工程塑料为基体的增强复合材料方面仍有一定差距。

在复合材料构件增材制造工艺研究方面，国内缺乏一套完整的工艺理论，以对纤维复合材料的增材成形过程进行完整的描述和分析，对成形过程中的物理和化学过程，只停留在试验测试和经验积累的层次，对成形过程中的关键问题没有形成很好的理论解释，亟须进一步研究和改善工艺性能。此外，受限于树脂基体的高黏度、低玻璃化转变温度和高成形温度，成形件仍然存在孔隙率高、界面结合强度差的问题，需要不断开展增材制造相关成形机理和工艺研究，以更好地满足复杂零件结构的轻量化、高精度、短周期和高质量制造需求。

在复合材料构件增材制造装备方面，商品化的大型纤维复合材料构件增材制造成形设备仍然需要进口，存在设备结构复杂、价格高昂，难以满足科学研究中开源性和多功能性的要求。进口设备匹配的成形材料价格高、种类单一，无法满足成形材料的定制化需求。针对不同的应用场景，亟须研发具有自主知识产权的大型增材制造设备，满足低成本、高性能的使用需求，实现不同性能的纤维增强复合材料的增材制造成形。

5.3.4　未来发展趋势

在成形材料方面，纤维是复合材料中主要的承力单元，增材制造用的纤维除对力学性能有要求，还强调纤维的质量稳定性、工艺适应性、界面结合性，某些特殊应用中还要求具有耐高温、抗氧化和吸波特性等。树脂在复合材料中起到传递载荷的作用，其表面特性、流变特性和固化特性直接影响复合材料的界面性能和力学性能。未来亟须突破先进复合材料的国产化和自主可控，结合国家的战略需求，设计和开发 PI、PEI、PEEK 等高性能热塑树脂体系，掌握不同树脂多相态变化过程、高温黏合行为，在高温、高性能的树脂基复合成形机理、调控等理论研究上取得突破。

在成形工艺方面，针对复合材料增材制造成形构件层间性能差的问题，亟须研究基体材料改性、层间加入颗粒、层间缝合或 Z-pin 等层间增强技术和工艺，改善层间的结合状态，降低层间孔隙率，提升复合材料构件的层间力学性能。针对纤维/树脂浸渍程度低、结合强度差的问题，需要研究纤维/树脂的浸渍机理，掌握增材制造工艺参数对浸渍程度的影响规律。此外，面对国产碳纤维与高性能树脂体系的界面匹配性问题，研究纤维的形态演变及其复合增强作用机理，改善树脂和纤维界面的相容性，实现高强韧纤维增强复合材料的成形及精细化控制。

在成形装备方面，亟须研发定制化、大型化的复合材料构件增材制造成形装备，研发集成 CAD/CAM 进行成形设计、工艺规划、参数调控、现场监测的成形控制系统，在装备中集成张力控制、热力耦合压实、激光预热、超声振动改性等关键功能。对成形系统进行更多的传感控制，实时精准控制热、力等关键成形因素，提高成形精度与成形质量，从而提升和优化成形构件的力学性能，拓展应用，助力高端装备的创新发展。

5.4 面向 2035 的复合材料构件增材制造关键技术及装备

增材制造技术及产业的发展，将以"应用发展趋向是主体、技术科技创新是起点、产业规划是主旨"为指导。在应用中需要结合增材制造工艺流程，进行产品结构设计与优化、发展科技创新性应用、个性化定制的生产加工。

5.4.1 复合材料电子器件的增材制造封装技术

针对我国微纳电子器件的快速制造需求，亟须攻克关键专用材料、快速成形与质量保障技术，大幅提升器件制造和封装技术的自立自强能力。复合材料天线是附着于载体表面且与载体贴合的阵列天线电子器件，在现代无线通信系统中，共形阵天线由于能够与飞机、卫星等高速运行的载体平台表面相共形，并且不破坏载体的外形结构及空气动力学等特性，成为天线领域的一个研究热点。传统共形阵天线中的承载结构主要为金属基板，为满足轻量化并与任意曲面共形的使用条件，需要对承载结构的材料和成形方式进行创新。由于增材制造具有轻量化、可快速成形任意截面复杂结构的特点，可作为共形天线中承载结构的新型成形方式。一些科研工作者使用增材制造技术成形纤维增强复合材料，实现了高强韧、轻量化、复杂结构零部件的"自由制造"，该技术可应用于共形阵天线中电子器件的封装，满足高速飞行过程中高温和高压等复杂环境下的应用要求。

针对共形相控阵天线低成本、轻量化、高密度集成的制造需求，亟须开展复合材料封装结构的增材制造成形方法与装备实现原理研究。研究高强韧的玻璃纤维、芳纶纤维增强复合材料的浸润行为，建立纤维-基体间浸渍程度评价模型，扩展基体和增强体的材料范围。通过设计和精确控制热流道的结构和布置方式，实现内嵌热流道的随形打印，探索多维度碳纳米相辅助散热隔热机理及工艺，研制适应复杂曲面结构成形的多自由度成形算法和原理样机，解决高强韧纤维增强复合材料的多相界面黏结机理、增材制造形性调控等科学难题，使相控阵天线的设备功能和物理架构实现更高水平的集成。

5.4.2　太空极端环境下复合材料构件增材制造技术和装备

在轨制造存在高真空、微重力、高辐射、极端温差等极端环境条件，高真空和微重力环境改变了成形工艺过程中的传热及材料凝固规律，极端温差将导致成形温度场的极度不均匀，进而导致复合材料的层间黏结质量差，易产生内应力和翘曲变形，对增材制造设备和工艺提出了苛刻的要求。此外，空间站舱内资源有限，安全性要求远高于地面，按照空间设施建设标准规范，空间单台设备功率存在上限。因此，在轨增材制造设备在功耗、尺寸、重量、散热、废气排放、可靠性和安全性方面受到了严格的约束。

针对在轨制造技术领域的高精度、低功耗和智能化的制造需求，探索在轨增材制造的耐温差、抗辐射的高性能复合材料体系，研究树脂的改性方法及机理，探究多尺度纤维的增强机理，改善树脂和纤维界面的相容性；研究复合材料在极端环境下的多相态变化过程，掌握精确的成形工艺窗口，为参数选择提供理论依据。在微重力和高真空环境下，研究复合材料构件增材制造熔融固化过程中的力学、物理、化学变化机理，掌握成形过程中纤维形态演变规律与形性调控方法。根据在轨复合材料构件的性能要求，开发分层切片和路径优化软件，开发模块化控制系统，实现运动系统与打印系统的集成，掌握发射过程、太空环境等对制造设备稳定性的影响规律，搭建适合太空环境的复合材料构件增材制造装备。

5.4.3　复合材料 4D 打印技术

复合材料 4D 打印是一种先进的制造技术，它基于 3D 打印技术，能够打印出根据外部环境或特定刺激条件而自主改变形态或功能的物体。在复合材料 4D 打印中，使用具有特殊性能的复合材料作为打印材料，通过精确控制刺激因素（如水、温度、光线等）的作用，使打印出的物体能够根据环境变化自主地改变形状、结构或功能。这种技术在多个领域具有潜在的应用前景,如智能结构、柔性电子、生物医学和可编程材料等。通过复合材料 4D 打印,可以实现更加智能、可适应和多功能的材料和器件。

复合材料 4D 打印原料管理模式亟待发展,准确把握原料的溶解助剂比例、热膨胀系数及其他主要基本参数,可以使结构以独特的方式进行改变和实现。在复合材料 4D 打印技术中,刺激因素包括水、工作温度、紫外线、光和热等,这些刺激因素的选择要根据特定的适用范围,并依赖于 4D 打印中所采用的复合材料体系进行。根据设计目标,在复合材料结构中以不同的方位和位置进行分布,并针对刺激因素进行仿真分析和预测,从而指导 4D 打印的工艺优化和构件成形。

5.5 面向 2035 的复合材料构件增材制造发展目标与技术路线图

5.5.1 发展目标

到 2025 年左右,预计将突破精细结构复合材料构件增材制造的关键技术,实现复合材料构件精细结构增材制造的精确控形。突破极端服役环境下的增材制造成形理论与方法,突破界面强化机理及高纤维含量浸渍技术,突破曲面路径规划与多自由度增材制造成形机理。实现纤维增强高温高性能树脂基复合材料典型航空航天构件成形,解决层间黏合、树脂纤维界面结合调控等关键技术难题,成形最大尺寸可达 5m,实现核心工艺与关键技术的自主可控。

到 2030 年左右,预计将突破复合材料微纳电子器件的增材制造成形技术,突破极端环境下增材制造复合材料构件的缺陷多尺度演变机制及数值仿真技术,复合材料构件增材制造工艺极端过程中智能在线检测技术与装备,实现少无缺陷的复合材料构件增材制造技术。突破复合材料构件多自由度增材制造成形工艺,实现航空航天发动机喷管、叶片等复杂异形曲面复合材料构件的增材制造成形,开发定制化成形装备,并制定其增材制造工艺标准、规范和测试评价体系,具有自主知识产权的增材制造装备达到国际先进水平。

到 2035 年左右,在复合材料构件增材制造工艺方面,预计我国可自主制定出一系列全面综合的复合材料构件增材制造的国际、国内标准与评价评定方法。

实现高性能复合材料构件增材制造系列装备的全国产化，研制全国产化极端环境复合材料构件增材制造装备，实现大尺寸、变曲率复合材料构件增材制造，实现设备全国产自主可控。纤维增强复合材料构件增材制造技术普及到汽车、电气等产品开发，工艺与技术基本成熟，可实现 20% 左右航空航天关键结构件的制造，产品开发周期缩短一半、费用降低一半。整体上在先进复合材料构件增材制造技术方面达到全球领先水平，引领发展趋势，在国际相关标准制定方面占有更大的话语权。

5.5.2　技术路线图（见图 5-10）

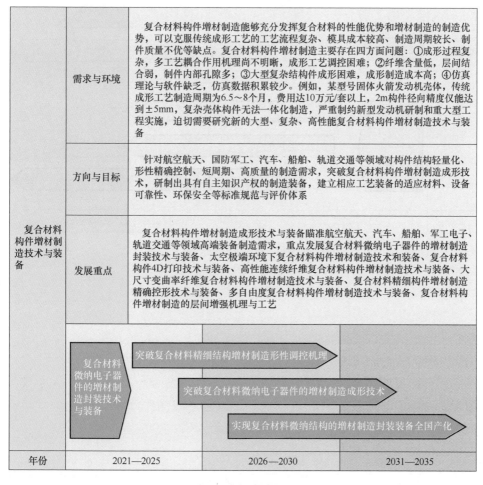

图 5-10　技术路线图

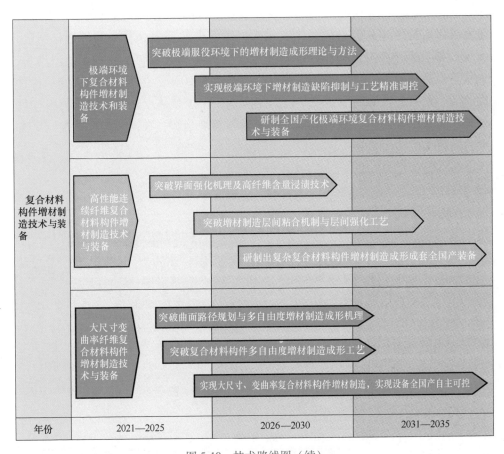

图 5-10 技术路线图（续）

第 **6** 章

复合材料构件加工技术及装备

6.1 技术内涵概述

复合材料构件加工是通过各种加工方法对近净成形复合材料结构件毛坯进行型面特征、轮廓及制孔加工，以满足结构件的外形精度与装配需求。复合材料构件的外形加工主要包括铣/磨轮廓、铣/磨端面特征（如开槽、型腔及加强筋等）。复合材料构件的装配加工则离不开结构的连接，常用的连接方式有螺栓连接与铆接，装配结构需要满足足量的装配孔，为了保证整体装配精度，复合材料构件往往需要和金属材料协同制孔、锪窝加工。复合材料构件的加工精度决定构件表面质量，严重影响构件后续服役性能、可靠性及寿命。相较其他行业，航空航天领域对复合材料构件的工作环境要求更为严苛，加工中任何质量问题都可能导致工件的缺陷，严重影响服役性能。据统计，飞机在最后组装时，制孔不合格率导致的复合材料构件报废率占总报废率的60%以上。

现阶段复合材料构件的主要加工方式仍是基于传统的金属加工方式，由于复合材料与金属类材料存在较大差异，具有硬度高、导热性差、非均质性、各向异性、层间强度低等特点，加工过程中容易出现分层、撕裂、毛刺等缺陷（见图6-1），以及刀具快速磨损的问题，增加了时间和经济成本，因此迫切需要针对复合材料构件开发先进加工方法。现阶段针对复合材料构件加工技术的研究主要分为两个方向：一是基于传统加工方式进行工艺改良，如研发适用于加工复合材料构件的刀具，或者多种传统加工方法有机耦合，如螺旋铣孔、振动辅助加工技术等；二是开发特种加工工艺，如水射流加工、激光加工等。复合材料构件加工装备也向两个方面发展：一个是对标工艺，开发相应的设备，包括超声/低频加工设备、高压水切割设备等，如机翼蒙皮材料一般采用大型高压水切割机进行净形切割；另一个则是通过自动化加工的方式，采用机器人/机器臂的形式实现更为灵活的自适应加工。

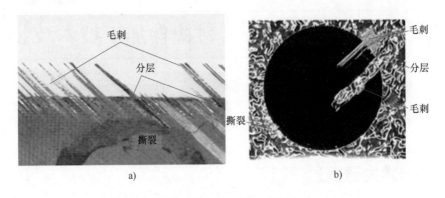

图 6-1　复合材料构件常见加工缺陷
a）铣削缺陷　b）制孔缺陷

复合材料构件具有各向异性、非均质性及多相性特点，其加工过程理论分析复杂性高。至今为止，复合材料构件仍延续金属加工的思路，以试验离线观测为主，缺乏相关基础研究理论，是目前面临的挑战之一。此外，由于复合材料构件具有各向异性，在加工过程中导致材料去除过程不协调，加工缺陷形貌差别大，调控方法难。因此，建立一个适合描述碳纤维复合材料构件所特有的表面质量特征和缺陷特征的评价方法，形成具有体系性的加工质量评价标准，是面临的又一挑战。最后，加工中所产生的粉尘对操作人员、机床与环境都有害，玻璃纤维、碳纤维和颗粒具有高度磨蚀性，这些粉尘会渗透到机器部件狭窄空间，并进入机器控制箱，导致滑道、滚珠丝杠和轴承磨损。碳纤维具有导电性，在机器控制器内的印制电路板上沉积碳纤维粉尘将导致短路，会对机床造成非常严重损坏。因此，设备加工过程的密封问题及粉末的收集与再利用等问题，是面临的第三大挑战。

在现阶段纤维增强复合材料构件的加工过程中，亟须复合材料构件切削机制的理论指导和加工质量的综合评价方法，避免盲目试验。研究复合材料构件的微观结构去除机制、刀具结构和工艺参数对材料缺陷的形成和影响规律，开展多因素切屑去除机理、加工质量与完整性的创成机制的相关基础研究。解决复合材料加工在线监测问题，实现缺陷的主动调控，完成构件的高精高效加工。研发大型、超大型复合材料构件加工装备，优化加工工艺，实现航空航天等行业对大型复合材料构件高精度加工的需求。复合材料构件加工技术与装备如图 6-2 所示。

图 6-2　复合材料构件加工技术与装备

6.2　重大工程需求分析

目前，复合材料构件加工技术仍处于发展与完善阶段。为满足连接、装配要求，成形后的复合材料构件多数情况下需进行铣/磨削及制孔加工，因此亟须研究适合复合材料构件的加工工艺、相配套的刀具、机床设备及适合成形件的工装夹具等，有力推动加工技术走向工业化生产的道路。

在复合材料构件加工刀具方面，复合材料的纤维硬度达到了 53 ~ 56HRC，与硬质合金接近，复合材料粉末状切屑具有高磨蚀性特点，致使复合材料构件加工时产生严重刀具磨损现象。因此，复合材料构件加工一般以高耐磨金刚石涂层刀具与聚晶金刚石刀具（PCD）为主。国内外学者在刀具的材料、结构、磨损形式等方面开展了大量研究工作，对刀具材料及结构进行了改进，以满足复合材料构件切削加工需求。然而，当前国内的刀具制备缺乏完善的生产/管理体系，厂商缺乏足够的创新能力和研究动力，刀具的质量不稳定、平均寿命低下是我国复合材料构件加工面临的难题之一。因此，实现稳定的刀具制备工艺，是加速我国复合材料构件加工技术发展的关键。

在复合材料构件加工工艺及装备方面，为了开发先进复合材料构件加工技术，完善先进加工工艺，必须具备相配套的加工装备，保证稳定的加工环境。例如，针对螺旋铣孔技术，在装备研制方面目前有两大难题限制工艺应用：第一是螺旋铣孔的制孔效率低、孔壁无残余压应力的难题；第二是刀具加工过程稳定性低的难题。因此，需要设计开发夹持精度更高、运动过程更加稳定的主轴，开发更高刚度刀具，解决装备稳定性差的问题，实现螺旋铣孔技术的推进应用。针对低频振动、超声振动辅助制孔技术，需要开发振幅稳定、可控的刀柄或发生器。

在大型复合材料构件的工装夹具系统方面，复合材料构件对切削加工工装夹具的设计要求高，夹具成本昂贵。尽管复合材料构件所需的后处理一般较为简单，只需要钻削和修边等，但为保证工件不磨损起毛、分层剥离，要求工件定位可靠、夹持牢固，不会发生振动。工件装夹要求能够保持表面积大，形状复杂且壁薄的复合材料构件在加工时不发生变形。复合材料构件加工通常需要使用与工件外形精密贴合的真空吸附夹具，如图 6-3 所示。设计

图 6-3   M-Factory 碳纤维
制品加工夹具系统

一个能可靠地与复杂弯曲件精密贴合的真空吸附系统是复合材料构件加工中的难题之一，需结合实际结构及监测区域特征，利用优化算法，对传感器网络的位置、数量进行优化布置，降低结构健康监测系统的使用维护成本，提升工程应用价值。

6.3 复合材料构件加工研究及发展现状

复合材料构件因其优异的力学性能，在航空航天、汽车、电子电器等领域的需求不断提升。然而，复合材料构件的加工过程复杂，易产生分层、毛刺、撕裂、孔壁划痕等加工缺陷，对连接结构的强度和疲劳寿命有很大的影响。由于航空航天领域对加工精度和装配质量的要求不断提高，亟须开展复合材料构件加工技术的相关研究。

6.3.1 国外发展现状

1. 复合材料构件切削机理研究

在切屑形成机理方面，Calzada 等人探究了微观尺度下加工复合材料构件过程中纤维失效方式，在微尺度加工中，刀具切断单根纤维，发现具有 45°和 90°纤维切削角的复合材料主要是压缩失效，而具有 0°和 135°的复合材料主要是弯曲主导的拉伸。

在切削力分析方面，Everstine 等人基于连续介质力学方法建立了纤维切削角为 0°时的最小切削力模型，但该模型只能用于预测纤维切削角为 0°时的切削力，这限制了其在复合材料构件加工中的广泛应用。Pwu 等人观察到了垂直于纤维方向的弯曲失效，建立了基于梁理论、线弹性断裂力学和复合力学的切削力分析模型，该分析模型只能用于分析纤维切削角为 90°的切削力。Jahromi 等人在考虑了刀具半径和纤维弯曲的基础上提出了一种解析模型，用于预测纤维切削角超过 90°时切削力。尽管在过去的 20 年中已经开发了一些纤维复合材料力学建模方法，但当前的建模方法难以应用于真实切削环境，仍然缺乏能够在整个纤维切削角范围内预测任意切削条件下的切削力学模型。

在切削温度方面，主要集中在试验研究，Sakuma 等人发现，在临界切削速度内，切削刃温度随切削速度的加快而升高，当切削速度超过临界值时，随着切削速度的加快，切削刃温度反而快速下降。在复合材料钻孔中，低速钻进时观察到异常升温，主要是切削刃处环氧树脂基体的高温导致的局部损坏及热量释放。

2. 刀具及刀具磨损研究

尽管优化工艺参数可以在一定程度上减少加工缺陷，提高加工质量，但考虑复合材料容易分层的特殊情况，需要额外注意加工刀具对复合材料构件分层等缺陷的影响。此外，由于复合材料良好的力学性能，容易对刀具造成更加快速的磨损。因此，研发适用于复合材料构件加工的专用刀具是当前热点且重要的研究方向。

为了提高刀具的硬度和耐磨性，Zitoune 等人对碳化钨钻头进行了无涂层和 $CrAlN/a-Si_3N_4$ 纳米复合涂层对比研究，研究结果表明，与无涂层的钻头相比，纳米复合涂层钻头加工时的切削力可减少 10%~15%，同时构件孔壁质量得到了明显的改善。为了研究金刚石刀具和复合材料的摩擦磨损特性，Mondelin 等人开发了一种新型的摩擦磨损测试方法，发现在干钻削和充分润滑的状态下，单晶金刚石刀具与复合材料的摩擦因数分别为 0.06 和 0.02，利用传统刀具切削复合材料时的摩擦因数都在 0.15 以上，这说明金刚石刀具能够有效地减少刀具的磨损。Karpat 等人采用聚晶金刚石钻头对复合材料进行钻削，结果表明，扭矩、轴向钻削力和出入口质量都得到了显著的提高。通过对不同硬质合金的晶粒尺寸、钴含量、TiAiN 涂层厚度等进行分析，Lacalle 等人发现，使用细晶粒、质量分数为 6% 的钴元素和 $4\mu m$ 厚的 TiAiN 涂层可以获得较好的刀具寿命，与 TiAiN 涂层相比，TiAiN+SiC 纳米结构涂层并无显著的优越性。El-Hofy 等人将类金刚石涂层刀具和 3 种晶粒大小（分别为 $13.8\mu m$、$6.8\mu m$ 和 $1.3\mu m$）的 PCD 进行了比较，结果表明，当切削速度较低、进给速度较高时，加工过程中粗晶粒 PCD 会产生很多碎屑，而中等晶粒尺寸的 PCD 寿命最佳，细晶粒 PCD 加工时的表面质量最好。PCD 不仅可以有效延长刀具的使用寿命，而且可以改善刀具的成形质量，因此 PCD 是复合材料构件加工领域中潜力较大的一种刀具。

刀具几何形状作为影响复合材料构件加工中刀具性能的重要因素之一，同样引起了研究人员的广泛关注。由于复合材料构件中层合板的层间应力和各向异性都较小，研究人员设计开发了各种具有特定结构的制孔刀具。Koplev 等人讨论了在复合材料构件正交切削中前角和后角对切削力的影响，发现前角减小了切削力，而后角减小了轴向力。Marques 等人对不同结构钻具的钻进工艺和在加工过程中产生的复合材料分层缺陷进行了分析对比，发现阶梯形钻能够显著地降低钻削力，并能够有效地预防分层现象。根据钻铰一体化加工的基本原则，Tsao 设计了一种复合的制孔工具，该工具分为前段钻削部分和后段磨削部分两部分，为了更好地减少钻削力，对其切削部位进行了优化，后段磨削部分充分利用了磨削工艺的优点，不仅使孔壁的表面质量得到了改善，而且还能防止复合材料构件孔出口处的分层。Piquet 和 Bhatnagar 发现增加切削刃的数量往往会减小轴向力和扭矩，从而最大限度地减少复合材料的损坏。Davim 等人注意到直槽钻能减小复合材料的分层。Mathew 等人使用套料钻加工玻璃纤维增强复合材料时，与传统的麻花钻相比，减小了 50% 的轴向力和 10% 的扭矩，并且对于大直径孔加工，套料钻更具有优势。

3. 加工设备

（1）复合材料构件制孔刀具及加工设备　将数控机床、机器人/机械臂应用于复合材料构件制造工艺的机构主要集中在欧洲和美国，包括波音公司、空客公司、美国 NASA 的兰利研究中心、英国谢菲尔德大学的先进制造研究中心、德国弗朗霍夫的生产技术和应用材料研究所等。

以洛克希德·马丁公司精密加工 F-35 的复合材料蒙皮部分为例，为了保证良好的隐身性能，F-35 的蒙皮相邻结构件必须精确匹配，洛克希德·马丁公司采用 Dörries Scharmann 技术有限公司制造的精密五轴龙门加工中心为复合材料构件表面提供精确的铣削和钻孔。如图 6-4 所示，其工作台尺寸为 10m×30m，具有用于体积补偿的专有系统，有助于在整个机床的大型工作范围内保持严格的精度。为了保证加工的稳定性，机床位于 9m 深的地基上，在 *X-Y* 行程的四个角放置陶瓷测量球，确保地基的沉降变化不会影响机床的精度。此外，在 F-35 复合材料蒙皮的加工中还采用了美国制造和营销公司（AMAMCO）的压缩铣刀，该刀具具有两个旋向相反的螺旋槽，从而减小了铣削复合材料时的表面分层，如图 6-5 所示。

图 6-4　精密五轴龙门加工中心　　图 6-5　压缩铣刀及其在复合材料蒙皮上的应用

复合材料构件采用自动化纤维铺设工艺精确制造，但即便如此，也很难精确控制厚度，必须通过 CNC 铣削进一步控制厚度。对于典型的飞机蒙皮结构件，一般分两个阶段加工，首先将复合材料构件固定到一个真空夹具上以加工内表面，然后翻转到相邻的真空夹具上，进行修边与外表面加工。如图 6-6a 所示，787 飞机机身蒙皮内表面的加工采用立铣刀加工构件内表面。当复合材料构件加工完成后，采用三坐标测量机进行检测。如图 6-6b 所示，SDC 复合材料中心对 NASA 猎户座航天器发射中止系统（LAS）尖顶拱面板进行检测，验收测试包括超过 30 种不同的切向和法向负荷情况测试，以及黏结嵌入测试和非破坏性超声波损伤评估等。

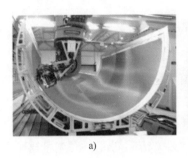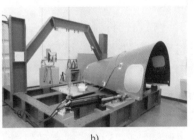

a)   b)

图 6-6 　复合材料构件加工及检测

a）787 飞机机身蒙皮内表面加工　b）SDC 复合材料中心检测

经过模塑、修整和检查后的复合材料蒙皮，一般需通过在预定位置钻孔并装配连接紧固件，最终连接组成到机身结构上。复合材料构件的钻孔方式有手动、动力传动和自动化（数控）3 种，多数复合材料蒙皮的孔采用数控机床钻孔，在无法进行自动钻孔的情况下，也使用钻模板进行手动钻孔。如图 6-7a 所示，F-35 前机身复合材料蒙皮上的 1500 个孔目前采用五轴龙门加工中心进行加工，制孔刀具多采用金刚石涂层刀具。如图 6-7b 所示，洛克希德·马丁公司在制孔刀具方面采用了 AMAMCO 金刚石涂层刀具。

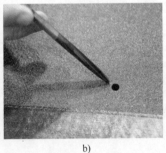

a)   b)

图 6-7 　洛克希德·马丁公司研制的自动化制孔过程与金刚石涂层刀具

a）复合材料蒙皮的自动化制孔　b）AMAMCO 金刚石涂层刀具

在工业 4.0 的框架内，飞机制造业已经开始进行自动化加工的尝试。这涉及从定制机器转向通用移动机器人，如图 6-8 所示。

（2）复合材料蒙皮切割设备　磨料水射流加工设备主要用于切割大型的飞机蒙皮，以法国空客公司加工新型 A350 XWB 飞机蒙皮为例，该飞机复合材料

图 6-8　ProsihP Ⅱ系统加工 A320 垂直尾翼的外壳

的用量超过 50% 的机身重量，复合材料构件包括机翼、机身、尾翼、翼梁和龙骨梁。磨料水射流机器以大约 3 马赫（1 马赫 ≈ 340m/s）的速度将磨料射向工件，同时配合精心设计的夹具，以便在修整边缘处牢固地夹紧工件。

空客公司采用 Flow International 公司的磨料水射流机床进行复合材料构件的孔加工，如图 6-9 所示。为了在磨料水射流加工复杂形状复合材料构件时固定和装夹工件，采用了可编程工件夹具系统，如图 6-10 所示。该系统由一系列头部可调的柱状支撑柱组成，每个支撑柱的垂直位置都可以独立设置，因此整个系统可以跟随工件的轮廓进行调整。更换零件时，调整可编程工件夹具系统位置只需大约 2min。

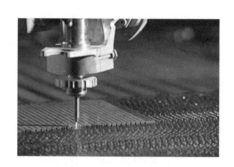

图 6-9　Flow International 公司
磨料水射流加工孔

图 6-10　可编程工件夹具系统

为了加工飞机蒙皮上的侧壁、加强筋和桁架，开发了侧面喷嘴（见图 6-11a），可用于在狭窄空间内进行切割。飞机结构的轮廓可能相互重叠，这意味着从切口出来的磨料流可能撞击部件的其他表面。为了防止出现这种情况，C 形收集器（见图 6-11b）可以拦截喷射器出口侧的磨料流。该装置设有吸能结构，可以吸收喷射能量、拦截和回收磨料流，如图 6-12 所示。

图 6-11　Flow International 公司的磨料水射流机床

a）侧面喷嘴　b）C 形收集器

图 6-12　磨料水射流加工 A350 XWB 的机翼蒙皮（长达 40m）

6.3.2　国内发展现状

我国针对复合材料构件加工技术的研究已有近 40 年的时间，国内各高校、科研院所及相关加工企业等在复合材料构件加工机理、刀具、装备等方面取得了重大进展，有效提高了国内企业加工复合材料构件的质量和效率，为我国航空航天、军工等行业做出了重大贡献。我国在螺旋铣孔、超声振动辅助加工与低频振动制孔加工等技术领域方面得到了快速发展。

1. 复合材料构件加工方法

（1）螺旋铣孔　螺旋铣孔是一种新的加工工艺，它是利用传统铣削原理对孔壁材料进行加工。刀具运动轨迹分为周向连续切削和径向不连续切削，在加工的过程中，可以通过调整刀具中心轴与孔轴线的偏心距以满足各种孔径的加工要求。

由于复合材料构件的结构特性，采用常规金属材料加工用铣刀时，容易出现毛刺、撕裂、分层、大锯齿凹坑等各种形态的缺陷，螺旋铣孔工艺可以有效解决上述难题。目前，国内常用的铣刀如图 6-13 所示。在螺旋铣孔过程中，刀具侧边

图 6-13　国内常用的铣刀

与工件的接触是一种内切接触，刀具与工件接触的面积远小于切削刃的接触面积，既能减少摩擦热量，又能及时地将螺旋铣孔产生的切削热传出。与钻孔相比，螺旋铣孔有效降低了摩擦热，可防止构件制孔出口处的撕裂及分层缺陷，以有效解决复合材料构件加工中出现的分层与毛刺问题。

纤维增强复合材料在螺旋铣过程中的切削力和切削温度的变化是分析材料去除机理的前提，也是控制加工缺陷的有效依据。掌握刀具结构对材料制孔质量的规律，掌握螺旋铣工艺参数对复合材料的缺陷影响，将极大提升螺旋铣工艺的效率和加工质量。

为了获得复合材料螺旋铣过程中的切削温度变化规律，天津大学的刘婕等人建立了一个数学模型，分析了复合材料螺旋铣热源随时间和空间的分布。与传统钻孔进行对比，在相同的切削速度下，采用螺旋铣制孔的加工温度要低很多，而且由于加工过程中轴向力和切削机理发生了变化，该方法能有效防止制孔出口处产生的撕裂和分层。

在切削力的预测方法上，梅嘉伟等人通过综合考虑纤维随机分布，建立了基于高频震荡的单向纤维复合材料铣削力模型。研究表明，当铣削方向与纤维方向夹角一定时，铣削力呈高斯分布进行变化。王海燕等人根据一种切削力系数的回归模型，建立了一种复合材料螺旋铣孔机械理论模型。通过研究铣孔过程轴向切削力和切削力合力的变化规律，发现刀具的轴向切削力和切削合力随着主轴转速的提高而降低。随着进给速度和吃刀量的增大，轴向切削力和切削合力随之升高。潘泽民提出的三维切削力模型能够较准确地预测复合材料/钛合金螺旋铣孔三向切削力的形状和尺寸，并综合考虑了刀具的离散方法和刚性力学模型。王明海等人利用数值模拟对碳纤维增强复合材料的螺旋铣孔和传统钻孔的铣削力进行了比较，结果表明，在相同的条件下，螺旋铣孔的轴向作用力只有传统钻孔的 33.97% ~ 51.23%。王奔等人在控制加工效率与切削速度相同的前提下，通过试验发现同传统钻孔相比，螺旋铣孔加工的质量较好，并且通过对切削力和温度变化的分析，发现螺旋铣孔所需要的切削温度明显降低，比传统钻削降低了 36%。

（2）超声振动辅助加工　超声振动辅助加工是在传统切削加工中工具与工件相对运动的基础上，在切削工具或工件上施加超声振动，以获得更好加工性能的加工方法。超声振动辅助加工技术具有降低切削力、改善加工表面质量和提高加工精度等方面的优势，在复合材料磨削加工中具有一定优势。王鑫等人进行了超声振动辅助钻削复合材料的试验，发现与传统钻削相比，轴向力减小并更加稳定，表明该方法在复合材料钻削中优于传统钻削工艺。徐伟兴等人设计了一种能够实现稳定高变速的反谐振频率振动器，通过椭圆振动辅助对复合材料进行切削，通过切削仿真和试验研究发现，椭圆振动辅助切削加工过程中的关键参数是进给速度与最大振动速率比值和一个周期内的切削距离与纤维直径的比值，为了能够最大限度地发挥振动切削的优势，这两个参数必须要低于临界值。振动可使切削力降低，减少工件的表面损伤，尤其是沿切削方向的振动，因此它可以显著提高工件的加工质量。李哲等人研究了超声振动辅助套磨钻削复合材料的钻孔效果，结果表明，相比于复合材料普通套磨钻孔，超声振动辅助套磨钻孔极大提高了切屑粉尘和料芯的排屑效果，有效防止了切屑粉尘黏刀和料芯堵刀现象，降低 12%~20% 的钻削力、16%~24% 的切削温度和 33%~39% 的孔表面粗糙度值，明显改善了复合材料孔加工质量，并且延长了套磨刀具使用寿命。

（3）低频振动制孔加工　低频振动制孔加工是在钻孔过程中通过振动装置使钻头与工件之间产生可控的相对低频运动，将连续切削转化为断续切削。这种加工技术一般适用于复合材料与金属材料叠层的大孔加工，可有效防止金属切屑对复合材料的二次损伤，优化控制断屑与排屑。杨兆军等人在振动钻削理论的基础上，经过大量试验研究，建立了零相位差振动断屑理论，完善了振动断屑理论。王贵成等人对振动加工进行了较系统的研究，包括断屑的机理、工艺参数的选择和提高加工精度的方法等，取得了良好的效果。李海伟等人系统地分析了低频振动制孔技术，发现切屑的尺寸大小随进给量的增大而增大，随振幅的增大而减小，振动制孔过程中可避免卷屑缠绕刀具，有效地减小切屑划伤孔壁等问题，可使刀具使用寿命提高 20% 以上。王福吉等人研究低频振动加工复合材料/铝合金时发现，虽然低频振动有利于排屑并减少孔壁损伤，但低频振动的引入在一定程度上会增大钻削过程中的最大轴向力，过大的振幅会加剧中下层复合材料出口的撕裂损伤，并降低复合材料孔壁的加工质量。

2. 加工设备

（1）复合材料加工刀具及设备　为了将铣削、制孔等传统加工技术应用于国内民用飞机复合材料构件加工中，中国商飞复合材料中心开展了大量复合材料铣削及制孔基础工艺试验及应用技术研究。通过基础工艺研究，获得了适用于民用航空中常用、典型高性能复合材料的加工刀具、加工工艺参数等加工关键要素，形成了较完备的加工工艺数据库，新编了一系列与复合材料铣削及制孔相关的民用飞机工艺规范，并已成功将复合材料铣削及制孔技术应用于国产 C919 客机及 C929 宽体客机研制中。

以中国商飞公司加工 C919 客机中的平尾长桁为例，长桁属于典型的细长结构，刚度差、难于装夹，加工时易产生分层劈裂等缺陷，加工质量稳定性差。

过去，长桁一般在大型五轴数控加工中心上通过铣削来完成加工，采用的加工工装以传统的压板式夹具为主，这种装夹方式可靠性差，易产生振动现象，并且在加工过程中需多次调整压板重复装夹，效率非常低；针对每一根不一样的长桁均需要配备单独的一套夹具，成本非常高。

针对长桁类零件装夹难度大、数量多、加工质量要求高等特点，中国商飞复合材料中心自行设计研制了一种柔性大、可靠性高的加工夹具及加工方法，柔性夹具系统可通过调整卡盘数量和位置实现对不同长度长桁的多点夹持，同时只需简单调整定位块结构形式，即可实现对不同结构形式复合材料长桁的定位和夹紧。整个夹具装置具有大柔性和高可靠性特点，同时操作方便、效率高、成本低。

复合材料平尾长桁因刚度差、端头形状复杂、加工表面易分层劈裂，为有效抑制振动，保持较小的切削力，设计一套合适的加工工艺非常关键。其中，加工刀具的选择尤为重要，C919 客机平尾长桁加工刀具选择了交叉刃金刚石涂层立铣刀，该刀具切削力较小，加工寿命长。另通过优化加工路径及加工参数，形成了一套稳定可靠的 C919 客机平尾长桁加工工艺。

（2）磨料水射流加工　中国商飞复合材料中心为了将高压磨料水射流加工技术应用于国内民用飞机复合材料构件加工中，开展了大量复合材料构件高压磨料水射流基础工艺试验及应用技术研究。通过基础工艺研究，获得了适用于民用航空中常用、典型高性能复合材料构件的磨料及射流参数、加工工艺参数等加工关键要素，形成了较完备的加工工艺数据库，新编了复合材料构件高压水切割加工民用飞机工艺规范，并在此基础上，已成功将复合材料高压磨料水射流加工技术应用于复合材料机翼预研项目、国产 C919 客机及 C929 宽体客机研制中。

磨料水射流加工设备采用了大型高压水切割加工中心，配备高压磨料水射流切割头和机械钻铣电主轴，同时具有磨料水射流和机械铣削、制孔功能。其中，磨料水射流切割头配备了标准切割头和两个侧向切割头，还配备了真空吸盘柔性支柱夹具系统，可快速定位和装夹大型复合材料构件，如图 6-14 所示。

图 6-14　中国商飞公司复合材料机翼壁板加工现场

6.3.3　国内外技术差距

目前，复合材料的性能在不断改进，对应的加工技术一直都处于不断完善的进程中，我国在理论研究、加工工艺与加工设备及刀具方面还存在着显著差异。

1. 理论研究

欧美国家对于复合材料的研究与运用早于我国，并且一直对我国实施技术封锁。随着复合材料在航空航天领域的应用，经过近 40 年的发展，国内对于复合材料构件加工技术的理论研究已基本趋近国外，但遗憾的是，国内对于该技术理论的研究大多停留在被动的观察和描述分析上，或者仅限于对特定的复合材料构件进行加工优化，尚未形成体系。

2. 加工工艺

复合材料与传统各向同性金属材料的主要区别在于其由物理、化学性质完全不同的两相材料所组成，其难加工的主要原因是材料的非均匀性和各向异性。在工艺研究方面，国内缺乏一套完整的工艺理论，以对纤维复合材料构件的加工过程进行完整的描述和分析，对加工过程中的刀具相互作用机制，只停留在试验测试和经验积累的层次，对材料所形成的加工缺陷没有形成很好的理论解释，加工时依赖实际经验，因此加工质量不如国外稳定，未来需加强工艺规范，将成熟的管理方法引入复合材料构件的加工，建立一套系统性的加工规范。

对于前文所提到的螺旋铣、低频振动制孔等技术在国外早已有成熟的应用案例，如波音 787 等大型飞机上就大量应用了螺旋铣的加工技术；空客、波音等航空企业对于复合材料/钛合金、复合材料/铝合金等叠层材料也已经广泛采用了低频振动制孔技术，图 6-15 所示为国际上广泛采用的机械式低频振动刀柄。相比之下，螺旋铣孔技术已经在中国商飞公司民用飞机的结构件加工中得到应用，但低频振动制孔技术仍处于研究阶段，尚未形成规模化的生产应用。

图 6-15　机械式低频振动刀柄

3. 加工设备及刀具

我国加工复合材料构件的刀具和设备大多依靠进口，为打破技术封锁和技术垄断，自主研发复合材料构件加工刀具及大型高端数控机床装备，并用于航空航天关键零件制造具有重大的战略意义。

在加工设备方面，国外根据复合材料构件装配需求，普遍采用了五轴加工中心、机器人与自动进给钻等多种装备。在国内，由于没有复合材料构件专用加工机床，国内航空企业主要引进国外的机床进行复合材料构件的加工。目前，国内正在尝试将机器人用于现场加工，但还没有形成规模。自动进给钻由于价格昂贵且需要配套的钻模板，在国内航空企业的应用率不高。总体来说，国内的复合材料构件加工装备主要依赖进口，并且加工效率不高。国内自主开发的设备只适用于试验加工，无法形成商用化的规模。现阶段主要的发展趋势是在原有的数控机床设备上增加相应的功能，满足复合材料构件加工的工艺需求，如超声发生装置、工装夹具、密封装置等。

　　在刀具方面，我国缺乏一套完整的工艺制备体系，有的即使是同一批次制备的刀具，其性能差异也较大，在 PCD 及金刚石涂层的制备上也同国外有着一定差距，刀具寿命较短。因此，需要不断完善相关工艺，以更好地满足刀具稳定性、长寿命的使用需求。此外，在改进切削刀具材料和刀具结构的同时，目前国内外还尝试采用磨粒加工工具进行磨削加工与超声振动辅助磨削加工技术解决复合材料构件切削加工中存在的问题。针对传统的磨粒工具容屑空间小、易堵塞的问题，南京航空航天大学等高校已解决磨粒工具制备过程中的无序化分布情况，成功开发了一种有序磨粒的钎焊金刚石工具（见图 6-16），与该工具配套的磨削和超声振动辅助磨削技术，

图 6-16　磨粒有序排布的钎焊金刚石工具

现已在国内航空企业获得应用，其超长的寿命已获得国内航空企业的认可。

6.3.4　未来发展趋势

　　经过 30 多年的理论分析与实践应用研究，国内外在复合材料切削理论方面取得了一定的共识，但国内在技术应用方面仍远远落后于国外，对于现有的复合材料构件加工技术仍有许多瓶颈尚未突破，严重限制了其在国内航空企业的推广和应用。针对复合材料加工技术的应用场景和技术难点，预测其发展趋势如下：

　　1. 复合材料加工刀具行业的快速发展

　　随着航空航天、轨道交通、船舶、建筑等行业对复合材料需求的不断提升，复合材料加工的重要性也逐渐成为相关企业关注的重点问题之一。目前，国内刀具行业也面临关键的转型时期，虽然大连理工大学的贾振元院士自主研发设计的多刃微齿阶梯钻头和多刃微齿铣刀，其刀具结构在复合材料加工中处于国际先进水平，但行业整体还处于起步阶段，随着国内老牌刀具厂商（株洲钻石、厦门金鹭、上海工具厂等）开始投入研发复合材料加工刀具，有望带动国产复合材料加工刀具的快速发展。

　　2. 复合材料加工体系成熟化、智能化、无人化

　　在复合材料构件的加工现场，一般依赖技术人员的经验判断来进行输入加工参数、更换刀具等操作，不仅误差较大，还需要安排人员进行现场监督。通

过结合理论研究，建立以切削力、切削温度为中间量的监测体系，或者结合人工神经网络算法，对加工过程进行预判，通过系统自动调整工艺参数降低生产缺陷，对复合材料构件进行智能化加工。随着不断完善和革新复合材料的基础研究，加工工艺不断创新，未来新型的复合材料加工技术必定会替代传统的加工技术，再结合先进的监测手段，形成智能化、无人化的生产体系。

3. 高度自动化生产线

受限于复合材料构件的尺寸及结构复杂性，对复合材料构件进行人工控制钻孔时，不仅会导致较差的加工质量，而且加工效率低。国内目前以手工装配及自动进给钻配钻模板为主，自动进给钻技术相对成熟，加工效率和质量方面远超手工作业，有望在短期内逐步取代手工加工。国外飞机制造业已开始进行全自动化加工的尝试，同时尝试使用通用移动机器人代替定制机床。与机床相比，机器人具有工作空间大、灵活性高等优点，在空间足够的情况下可实现多个机器人并行协同加工，大幅度提升加工效率。目前，波音、空客等公司在飞机装配制孔中的机器人制孔覆盖率>50%。

在未来发展中，机器人/机械臂加工技术必将作为主流的生产技术，突破复合材料构件加工规模化、集成化、自动化、数字化、智能化的瓶颈，实现国内生产线高度自动化。

6.4 面向 2035 的复合材料构件加工关键技术及装备

与其他材料构件相比，复合材料构件的加工量更小，但加工的成本更高、难度更大、价值更昂贵。在复合材料构件的加工应用方面，首先需考虑刀具的开发与应用问题，长寿命、高性能刀具是复合材料构件加工的必需品；其次是现有加工技术与装备的改进与创新，结合复合材料构件的加工特点，以提高加工质量与加工精度、提升加工效率为目标，完善现有加工工艺或开发新型的工艺研究；在加工设备方面，坚持自主化、国产化的目标，进一步发展工业机器人，自动进给钻等装备，提高加工的智能化和集成化；最后在大型薄壁复合材料构件的装夹方面，需要结合实际需求，开发柔性装夹技术与装备，提高整体结构件的加工效率和精度，实现复合材料构件集成化、自动化、智能化加工。

6.4.1 基础前沿技术

1. 大型复杂曲面复合材料薄壁构件加工技术

随着复合材料构件模块化成形加工的兴起，在航空航天、船舶等领域，复合材料构件不断向大尺寸、超薄化的方向发展。针对此类大型薄壁构件，目前最先进的加工技术是空客公司研发的镜像铣加工技术。虽然该技术在国外已经成功应用，但其核心技术却一直秘而不宣，而国内的其他相关研究多集中于切削力模型、变形分析、误差预测等理论研究，没有成熟的设备体系。国内的部分高校及研究所虽然也开发出了镜像铣设备，但仅限于实验室使用，尚无法有效应用于工业生产。

系统镜像文件铣削技术最重要的挑战是在实际钻削后的转移过程中，保持准确和相对稳定的承载能力，而不危及生产制造的稳定性。在系统镜像文件的钻削过程中，厚壁管构件会持续发生颤振和弯曲，导致不同部位的零件在生产制造中的承载能力不一致，因此尽管努力保持准确和相对稳定的承载能力，但却经常出现切削不足或过切削的问题。为确保准确的力跟踪，必须逐步完善支撑点的位置，特别是对于厚壁管构件。然而，由于当前技术的限制，这种方法可能会导致薄壁件进一步发生颤振和弯曲等缺陷，并对生产制造过程中的运动轨迹造成损伤，这对于保证加工的精度和稳定性是不利的，因此需要研究改进系统镜像文件铣削技术。

2. 数字化、智能化复合材料构件加工设备

机器人/机械臂是目前复合材料构件加工前沿技术的关键装备，为了提高飞机制孔效率、制孔质量及降低成本，在智能制造的背景下，机器人/机械臂的发展速度加快，为复合材料复杂构件的加工提供了更大的灵活性，因此复合材料构件的机器人/机械臂加工将成为一个主流方向。由于机器人/机械臂加工多为现场装配加工，即主要为制孔加工，需使用搭载了低频振动制孔系统的关节机器人/机械臂。装配制孔机器人/机械臂用于大型整体构件制孔作业，由关节机器人进行制孔定位，具有成本低、高度柔性化等独特优势，符合结构柔性装配的理念。

目前，机器人/机械臂制孔技术在国外已经较为成熟。随着技术的发展，工业机器人/机械臂的复合材料制孔将更加智能化、柔性化，加工质量和效率进一步提升，以满足更多应用需求。

3. 复合材料构件加工质量评价方法

复合材料构件的生产和制造质量的评定主要分为两部分，即表面粗糙度和表面缺陷。从表面粗糙度的角度，多数场合可使用二维等高线算术平均偏差 Ra 来进行分析，但 Ra 值无法完全反映外表外观的外部效应。当前，世界各国的专家在复合材料铣削表面质量评定中正在开展对精密机械加工表面质量完整性评定方法的研究，对于复合材料形形色色的特性，缺少一套表面质量评价体系和准确的、全方面评估的方法。关于表面缺陷的科学研究，现阶段主要体现为试验观察事物的个别缺陷导致机理研究，并没有引起具有管理模式性缺陷形成机制的描述。

复合材料切削过程中的力、热变化规律不同于传统各向同性金属材料，由此所形成的加工表面形貌、表面缺陷类型也与金属材料完全不同。如何实现复合材料加工工艺优化，建立一个适合描述复合材料所特有的表面质量特征和缺陷特征的评价方法，形成具有体系性的复合材料加工表面质量评价标准是复合材料加工过程中所面临的巨大挑战。复合材料加工质量评价方法是形成复合材料加工工艺系统性研究的重要基石。

6.4.2 共性技术及装备

1. 钎焊金刚石磨粒工具修整技术

钎焊金刚石磨粒工具技术是一种常用的工具技术，它利用能够与金刚石磨粒发生化学反应的焊材，在钢板上形成冶金结合，实现钎焊连接。由于焊材中含有能与金刚石发生化学反应的元素，金刚石和焊材之间形成了牢固的冶金结合，因此粘接强度高，金刚石在工作中不容易脱落。复合材料中间铣面室的空间设计使得暴露的表面积较大，钻屑或磨屑能够顺畅排出，避免常见工具故障，如钻屑堵塞。此外，由于钻屑带走了热量，使得工件表面温度降低，减少了工件表面被烫伤和发泡的可能性。

钎焊金刚石磨粒工具具有优良的加工性能，解决了常规铣刀加工复合材料构件造成的刀具磨损严重、刀具破碎的问题，但钎焊金刚石磨粒工具等高性较差，工具精度偏低，使得磨槽的精度与表面质量较差。因此，如何对钎焊金刚石磨粒工具进行后续的磨粒修整，保证磨粒具备均匀的等高性，是其面临的主要挑战。

2. 振动制孔技术

根据谐波运动频率的高低，振动辅助加工可分为超声振动辅助加工和低频振动辅助加工。超声振动辅助加工可应用于复合材料的铣削和钻削加工，低频振动辅助加工则一般用于复合材料及金属叠层结构的制孔加工。超声振动辅助加工技术具有降低切削力、改善加工表面质量及提高加工精度等优势。复合材料构件装配制孔时，通常与金属材料构成叠层结构一起加工，为防止金属切屑对复合材料的二次损伤，主要采用低频振动钻削加工技术以控制金属的断屑与排屑。钻孔过程中，通过振动装置使钻头与工件之间产生可控的相对运动，将连续切削转化为断续切削，有效地减少了切屑划伤孔壁等问题。

目前，国内需要完善振动辅助加工技术，尤其是实现加工信号的实时响应及反馈，保证振幅和频率可控，进一步推广振动辅助加工技术在国内航空企业复合材料构件加工中的应用。

3. 自动进给钻

自动进给钻是集成了自动进给机构与定位固定工装的加工装备，能够实现飞机结构件装配的半自动化制孔。自动进给制孔工具需要配合专用工装夹具使用，制孔前在对应位安装自动进给钻的工装（如钻模板等），再通过人工将自动进给钻与其对接，加工过程不需要人手把持，切削力和制孔工具自重由工装承受，加工过程更加平稳，制孔质量提高，一致性更好，劳动强度降低。

采用自动进给钻的半自动制孔技术在国内外飞机装配中，尤其是大直径孔加工中获得了较多应用，是当前的主要制孔方法之一。目前，国内自动进给钻技术相对成熟，中国商飞公司已成功将自动进给钻应用于复合材料构件的制孔加工，其加工效率和质量方面远超手工作业，有望逐步取代手工加工的方式。力争实现国内航空航天领域复合材料构件从手工作业到半自动化加工的进程。

4. 高精度群孔加工技术

复合材料构件在加工时存在大量的制孔问题，一架飞机的制孔量通常超过数百万。据统计，70%的飞机机体疲劳破坏安全生产事故是由结构连接部位引起的，其中80%的疲劳裂纹还发生在连接孔处。为了延长飞机服役时间，确保民航安全，对于连接流程、制孔精度和产品质量提出了更高的要求，既要确保尺寸精度、同轴度和位置精度等，还应有效地遏制因生产制造所造成的缺陷，同时面对数量庞大的制孔加工，还必须考虑加工效率的问题。研究显示，刀具和构件运动在加工过程中平均占用总加工时间的70%。因此，高精度群孔加工技术主要是对群孔加工工艺路线的优化，使其能够快速地基于工艺约束条件生成最优解，并进行工艺路线的自动规划，提高加工效率。

6.5　面向 2035 的复合材料构件加工发展目标与技术路线图

6.5.1　发展目标

到 2025 年左右，预计将突破铣削刀具的耐磨性及铣削质量的相关技术瓶颈，较好地解决螺旋铣孔的孔径尺寸与孔壁残余压应力问题，增强铣削刀具的耐磨性，并进一步提高复合材料的加工质量，实现根据不同复合材料的特性匹配相应的加工参数的一系列复合材料专用铣削刀具国产化，有效地提高加工质量，延长刀具的使用寿命，并加强刀具寿命管理，可以在磨损到足以损坏零件之前更换刀具。在钻削与低频振动制孔技术方面，复合材料出入口分层、毛刺加工缺陷将得到有效控制，并且伴随着刀具结构形式的继续优化，可突破连续切削转化为断续切削的低频振动制孔加工技术，进一步降低金属切屑对复合材料造成损伤，并继续推广应用。

到 2030 年左右，螺旋铣孔技术、低频振动制孔技术、超声振动辅助磨削技术等新工艺方法也将不断完善，将得到大量的试验和仿真研究，并取得一定的有益效果。预计在国内航空企业复合材料构件磨削与超声振动辅助磨削中得到进一步应用，并有可能替代现有的铣削加工技术，同时磨削与超声振动辅助磨削加工技术也将取得重大突破，预计将研制出磨粒有序排布的钎焊金刚石工具，有效解决传统的磨粒工具容屑空间小、易堵塞的问题，减少对工件的机械损伤并提高表面加工质量。

到 2035 年左右，在复合材料加工质量评价方法方面，预计我国可自主制定出一系列综合的、全面的复合材料加工质量检测的国际国内标准与评价评定方法，为加工工艺优化提供可靠的依据。在复合材料加工装备方面，复合材料的机器人加工将成为一个主流方向，搭载低频振动系统的机器人加工将进一步在国内航空企业得到应用。预计届时可实现复合材料加工装备体系的高度国产化，自主建立一条国际先进水平的高质量全天候复合材料加工生产线，突破复合材料加工规模化、集成化、自动化、数字化、智能化的瓶颈，有效缓解国内复合材料加工装备严重依赖进口的卡脖子问题。

6.5.2 技术路线图（见图 6-17）

	需求与环境	尽管复合材料构件大多采用近净成形技术制造，为了获得构件最终所要求的尺寸精度、形位精度与表面质量等，复合材料构件仍然需要进行外形加工，而且受制于碳纤维复合材料的脆性和易碎性，需要发展专门适用于复合材料的加工方法和工艺
复合材料构件加工技术及装备	方向与目标	突破铣削刀具的耐磨性及铣削质量的相关技术瓶颈，研制国产化复合材料加工专用铣削刀具，完善螺旋铣孔技术、低频振动制孔技术、超声振动辅助磨削技术等新工艺方法，助力加工装备实现国产化，有效缓解国内复合材料加工装备严重依赖进口的卡脖子问题
	发展重点	1）研究螺旋铣工艺参数对于切削力、切削温度的影响，掌握螺旋铣孔技术的加工机理；突破国外的技术限制 2）研制低频振动自适应加工装备，突破国外低频振动技术的限制，形成自主生产的能力，达到国际自动化生产的水平 3）研究砂轮修整加工参数、砂轮磨粒参数、冷却工况，解决钎焊金刚石磨粒工具等高性不均问题 4）研究不同纤维角下的表面粗糙度、毛刺、撕裂、分层等指标的变化情况，优先制定基于表面加工质量和缺陷特征的复合材料评价标准

图 6-17　技术路线图

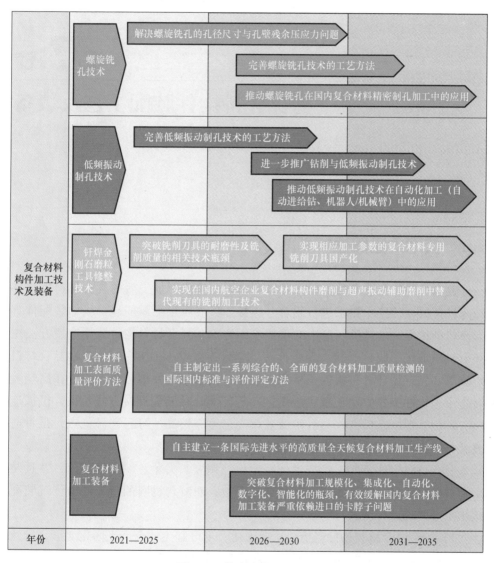

图 6-17　技术路线图（续）

第 **7** 章
复合材料构件装配工艺及装备

7.1 技术内涵概述

　　复合材料装配技术是根据尺寸协调原则，将成形加工后的复合材料零部件或组件按照设计技术要求进行组合、连接，形成质量可靠的高一级的装配件直至整机的过程，是整机制造中的重要步骤之一。复合材料构件装配连接方法主要有机械连接、胶接连接、混合连接、缝合连接/Z-pin 连接、热塑性复合材料焊接等。先进复合材料构件正呈现大型化、复杂化的发展趋势，并且在高端装备主承力构件中的应用比重逐步增加。与其他几种装配连接方式相比，机械连接，特别是螺栓连接方式具有承载效率高、可靠性高、可拆卸等优点，是目前复合材料构件装配中采用的主要连接方式之一。

　　复合材料构件装配连接技术涉及定位、调姿、夹紧、测量等工序，并且装配零件数目众多，协调原则众多且要求严苛，而复合材料的特殊性给传统装配提出了新的难点与挑战：

　　1）大型复合材料构件经历热压罐固化，不可避免地会产生固化变形，导致尺寸精度低，且变形的随机性增加了装配偏差预测难度。

　　2）由于结构变形，装备后不可避免地会产生装配应力，而复合材料层间结合弱的特点使其在应力作用下极易产生分层缺陷，严重影响装配后构件性能的发挥，同时螺母拧紧过程也容易产生分层损伤，增加了复合材料构件装配工艺控制的难度。

　　3）复合材料构件呈现整体化、大型化的发展趋势，如何提升复合材料构件装配质量和装配效率，也是目前本领域研究的难点。

　　先进复合材料构件已成为航空航天、国防领域重大高端装备研制的基础，呈现大型化、复杂化发展趋势，亟须开发复合材料构件装配技术的新理论、新工艺、新装备，突破大尺寸、复杂的复合材料构件的自动化、数字化、智能化、高质量装配。复合材料构件装配工艺及装备发展路线图如图 7-1 所示。

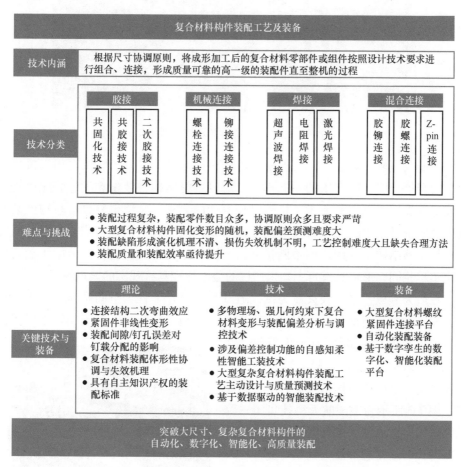

图 7-1　复合材料构件装配工艺及装备发展路线图

7.2　重大工程需求分析

复合材料构件装配质量直接决定结构的可靠性、安全性和寿命。传统的复合材料构件装配大多采用手工或专用型架进行装配定位，以模拟量为传递方式。随着计算机辅助设计及数控加工技术的发展，复合材料构件装配技术由传统的模拟量协调向数字量协调转变。图 7-2 所示为航空器装配技术应用现场，随着先进制造装备的发展，信息技术与复合材料构件制造业的深度融合，测量辅助装配技术及数字化协调技术已在复合材料构件装配中广泛应用。

图 7-2　航空器装配技术应用现场

在航空领域，随着民用飞机复合材料用量的显著提升，以及军用飞机机动性与隐身等功能性能要求的不断提高，对复合材料构件装配精度、装配体构件性能保证提出了更高的要求，长航时长寿命的要求，又使得复合材料构件装配过程及服役过程中的力学行为与损伤失效机理成为理论研究热点。复合材料构件在航空器结构中应用范围不断扩展，不同部位复合材料构件的装配工艺与标准也不尽相同，形成具有自主知识产权的装配标准具有现实的紧迫性。

在航天领域，以运载火箭为例，随着我国探月工程、空间站建设的不断推进，发射频次不断增加，发射准备周期不断缩短。我国载人航天领域已经采用了备份火箭方案，最快 10 天内发射，这对大型运载火箭复合材料构件对接效率、装配效率、装配质量提出了更为严苛的要求。图 7-3 所示为中国航天科技集团一院总装车间运载火箭大部件对接现场。为满足新时代、新常态下航天领域对复合材料构件精确制造的要求，复合材料构件装配技术与装备呈现出自动化、数字化、智能化的发展趋势。

图 7-3　总装车间运载火箭
大部件对接现场

航空发动机是一种高度复杂和精密的热力机械，是飞机的心脏，它直接影响飞机的核心性能及经济性、安全性，同时也是一个国家科技、工业和国防实力的重要体现，而装配质量则是决定发动机性能的重要因素。航空发动机部件繁多、制造工艺复杂，装配协调因素众多，必须对多因素耦合装配工艺主动设计与优化技术开展深入研究，搭建基于数字孪生技术的大型复合材料构件虚拟装配平台，以保证航空发动机的装配质量，提升装配效率。图 7-4 所示为德国 MTU 公司的航空发动机装配，为了应对生产技术的现代化挑战，MTU 公司组建了包括 Liebherr、Blohm、AMT 和 SOFLEX 在内的供应商团队，以实现加工涡轮高精度叶片时所需的最高精度。MTU 公司所使用的加工中心包括六个轴，一个带零点夹紧系统的回转工作台，一个带金刚石尖端修整辊（用于磨削体）的仿形工作站，一个用于砂轮、钻头、滚齿刀和测量探针的换刀器，所使用的加工软件由 MTU 公司专门开发。加工中心由德国 AMT Alfing Montage-technik 公司的机器人输送工件和工具。机器人从 Liebherr 全自动托盘搬运系统

图 7-4　德国 MTU 公司的
航空发动机装配

（PHS）接收工件、夹具、修整工具和抓钳。PHS 配有 250 个托盘槽，可在无人看管的情况下为加工中心提供至少 66h 的服务，以使系统在整个周末及弹性运转时间内正常工作。

综上所述，为满足航空、航天、国防等领域对复合材料构件的需求，必须从装配理论、装配技术、装配装备等方面开展研究，为相关领域高端装备的研制和应用提供强力支撑。

7.3　复合材料构件装配研究及发展现状

基于现阶段先进复合材料构件装配技术与装备存在的问题，国内外各大科研机构、生产厂商围绕复合材料构件测量辅助装配技术与装备、柔性件装配偏差分析与控制技术、复合材料结构低应力装配技术与装备、数字化装配协调技术与装备开展了相应的研究工作。

7.3.1　国外发展现状

1. 测量辅助装配技术与装备

测量辅助装配技术（measurement aided assembly，MAA）是以数字化测量技术为核心，通过在装配过程中对装配对象的实时测量结果来指导装配现场的零件定位和调整的过程。使用测量辅助装配技术可以代替传统工装夹具进行零部件的准确定位，如图 7-5 所示。例如，光学计量中心（optical metrology centre，OMC）通过与 BAE Systems 及空客公司等的合作，成功开发了适于嵌入制造控制

循环的立体照相测量系统，通过立体照相测量技术引导工业机器人实现复杂的装配和钻孔操作。在装配 A380 的过程中，空客公司采用了激光跟踪仪和激光雷达组合相结合的测量系统，通过测量反馈数据来实时指导机翼的准确定位，大幅度提高了装配精度和效率。

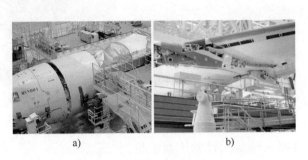

a)   b)

图 7-5　测量辅助装配技术

a）机身辅助装配　b）机翼辅助装配

2. 柔性件装配偏差分析与控制技术

欧盟于 2008—2016 年设立并完成了"使用扩展、集成、成熟的计算手段优化飞机结构（MAAAXIMUS）"项目，旨在快速开发和高度优化复合材料飞机结构的首次验证，并在虚拟和实体两个平台上完成开发和相互验证。该项目通过在公差管理中增加机器人和自动化组装设备的用量，缩短了一半的装配时间，提高了装配效率。同时，欧盟于 2012—2016 年完成了"复合材料混合结构的低成本制造与装配（LOOCOMACHS）"项目，旨在降低或彻底消除间隙检测、间隙填充、反复装夹等浪费时间且昂贵的非增值工作。该项目在装配工艺上的技术创新，包括采用先进的模拟与统计方法，改进了公差和集合偏差管理方法论，并引进了更多的自动化设备。在此基础上完成了精益装配翼盒（lawib）与集成化翼盒（miwib）的装配，以及装配偏差分析软件 ANATOLE-FLEX 的开发。

A380 壁板装配采用 N-2-1 的定位方式，6 个液压臂同时作用在壁板上，会使其发生弯曲或扭曲，因此在 X、Y 方向调整壁板时，两个液压臂设置为位置控制，剩余 4 个液压臂设置为定载荷输出。由伺服液压装置实现液压臂 Z 轴进给，在配合点上的力传感器可实现半自动定位和接触力的实时输出，将柔性工装应用于大型壁板件的装配中，使装配过程实现力位混合控制。其装配主要以骨架为基准，采用了一种自适应的控制方法，无法对某些特定的目标进行一些特定的控制。

3. 复合材料结构低应力装配技术与装备

复合材料结构低应力装配技术的开展主要集中于装配间隙检测、间隙补偿工艺，以及虑及间隙补偿的装配性能和服役性能影响研究。

在飞机装配标准化程度不断提高的前提下，阿莱尼亚宇航公司和洛克希德公司在飞机装配中发现有越来越多的间隙、孔洞需要测量，传统的测量方法由于精度不足，无法实时进行数据的记录和存储，为此开发出一种新型电容式间隙测量装置（Gapman）。该装置能对金属和碳纤维复合材料的表面间隙进行测量，并具有操作简单、易于携带、提供可视化读数等优点，能够同时记录 10000 多组数据，精度可达 ±0.5%。目前，Gapman 测隙仪（见图 7-6），已广泛用于测量飞机装配间隙、发动机内部间隙、辊轮间隙等。

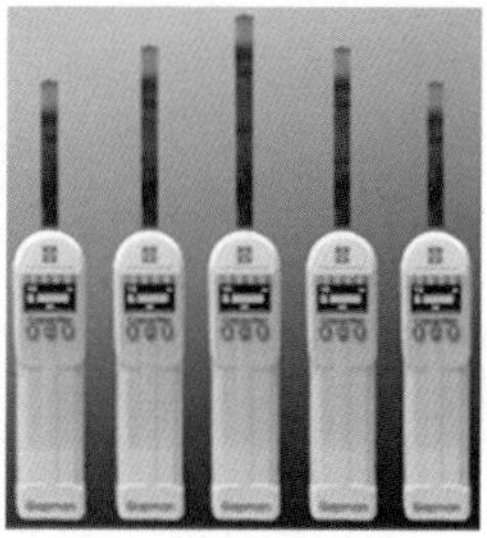

图 7-6　Gapman 测隙仪

Campbell 等人的研究报告显示，在装配复合材料构件时，可以直接对小于 0.005in（0.127mm）的间隙进行强迫装配，并且不会对复合材料内部造成损伤或损伤很微小；当间隙为 0.005~0.03in（0.127~0.762mm）时，可以采用液体垫片填充间隙；当间隙大于 0.03in（0.762mm）时需先采用固体垫片将间隙缩小到 0.03in（0.762mm），再用液体垫片填充间隙，但间隙不能超过 0.06in（1.524mm）。图 7-7 所示为以 F-35 外模板为基准的间隙补偿工艺与自动化补偿装备。

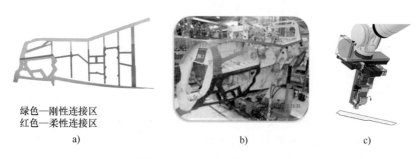

绿色—刚性连接区
红色—柔性连接区

a)　　　　　　　　　　　b)　　　　　　　　　　　c)

图 7-7　以 F-35 外模板为基准的间隙补偿工艺与自动化补偿装备
a）间隙补偿工艺原理　b）间隙补偿工艺　c）自动化补偿装备

Huhne 等人通过 ABAQUS 对损伤过程进行仿真分析，演示了损伤过程，并添加了 USDFLD 子程序。结果表明，随着垫片厚度的增加，连接件的拉伸刚度呈现下降的趋势。Dhote 等人对拉伸载荷下液体垫片对单螺栓接头力学性能的影响进行了研究，并利用三维数字图像相关法（3D-DIC），通过比较加载前后图像，记录不同斑点的位移，得到了构件表面的完整位移场和应变场。研究显示，使用液体垫片，二次弯曲的幅度明显增加，三次弯曲的幅度也稍有改变。Comer 等人研究了同时承受热疲劳载荷和机械疲劳载荷的复合材料-铝合金接头性能，在一台液压伺服疲劳机上进行疲劳试验，同时使用 3D-DIC 检测应变场，高倍二维 DIC 检测接头的局部刚度。试验显示，接头刚度大小与液体垫片厚度有很大的反向关系。

4. 数字化装配协调技术与装备

数字化装配协调技术是以构件的实测数据为依据，实时监测并比对测量数据与理论数据的偏差情况，进行动态反馈并调整产品形状和位置，以实现最终产品几何形状的协调一致。以飞机为例，其构件形状复杂、数量众多，相互间协调关系复杂且协调要求高，以往受技术手段的限制，只能采用人工的方法，采用模拟量传递的方式来进行协调制造。随着计算机辅助设计和计算机辅助制造技术的迅速发展，数字量传递代替模拟量传递的协调方法得到了大量应用。

通过采用数字化装配协调技术，可以在三维数字化环境下，根据数字化定义的尺寸和外形模型，以统一的设计基准定义飞机部件等结构的空间分配与规定的容差要求等信息，并对设计/工艺标准系统进行集成与扩充，利用计算机辅助工装设计，数控加工制造零部件和工装，并采用相应的数字化测量和控制系统安装工装和产品，使用数字测量的方式将产品协调部位的尺寸和形状信息传递给产品或加工设备，使得最终的一系列实物产品具有相同的几何形状和尺寸。

早在 20 世纪 90 年代初期，在 B777 机型的开发过程中，波音公司就引入了全数字化的产品定义，并运用了产品数据管理技术及基于关键特性（key characteristics，KC）的装配质量控制方法，使研制周期缩短一半，极大地提高了飞机装配效率和质量。在 A380 和 A340-600 的机翼装配项目中，根据产品的数字化定义，使用了一套自动定位和对齐工装系统对飞机组/部件进行夹持定位，利用激光跟踪技术，在装配空间坐标系中对关键特征的位置数据进行测量，将其与三维模型中规定的理论数据进行比较分析，并实时反馈各环节传递的精度信息，从而达到精确定位飞机产品的目的，减少了工装设备的使用量。图 7-8 所示为波音 787 客机的数字化虚拟总装与空客"未来工厂"。

综上所述，欧美发达国家已完成了装配技术基础理论、关键工艺和自动化装备的研究，并实现了的数字化、智能化转型，成功解决了装配体形性调控、协同装配工艺设计等关键问题。

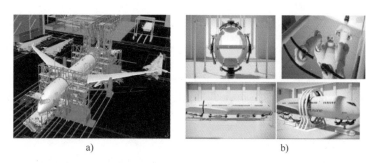

图 7-8　波音 787 客机的数字化虚拟总装与空客"未来工厂"

a）波音 787 客机的数字化虚拟总装　b）空客"未来工厂"

7.3.2　国内发展现状

1. 测量辅助装配技术与装备

国内在数字化测量技术的应用上也取得了一定研究成果。天津大学开发了一种测量和定位系统，并将其应用于工业机器人，提高了机器人的定位精度。南京航空航天大学与成都飞机工业（集团）有限责任公司（简称成飞）合作，通过激光跟踪仪在线测量及实时反馈系统，辅助工业机器人实现了高精度装配。浙江大学团队利用测量辅助装配技术实现了飞机壁板与骨架贴合面的自动化测量，并对贴合面的实际测量数据进行分析，提出了对贴合面装配间隙精确补偿的数字化加垫方法。上海飞机制造有限公司姜丽萍等人针对 C919 机体结构装配过程中三大阶段的工程需求，建立了从平尾、中央翼、中机身部件装配到全机对接的数字化装配，如图 7-9 所示。该技术被评为科技进步一等奖，并通过了工艺规范、工艺评审，已在主要航空主机厂得到应用。

图 7-9　C919 机体结构数字化装配

飞机装配涉及大量的大型复杂结构，上述大尺寸测量系统可以快速、精确获得构件表面关键特征点的信息，而在测量构件全局特征或隐藏特征时则稍显不足，因此还需要搭配数字化扫描测量设备来得到完整的构件表面数据。数字化扫描测量方式分为手持式和自动式两种，其中对于小型构件的测量可以采用手持式，而对于大尺寸构件的测量则可以采用机器人辅助测量的自动化测量方式。

2. 柔性件装配偏差分析与控制技术

国内在柔性件装配偏差分析与控制技术方面的研究尚未形成体系。王亮、郭飞燕等人分别对柔性工装体系和柔性工装设计进行了研究。李东升等人提出了对飞机复合材料的少无应力装配方法，主要采用柔性工装和力位传感器，通过使用垫片和预留牺牲层的工艺补偿措施，以最大限度地减小装配应力。另外，还有其他学者研究了飞机多部件柔性工装设计和定位方法，并对装配特征进行了聚类分析，在多色集理论基础上对装配需求与定位方法建立逻辑关系，最后通过模拟 11 个装配步骤并与智能算法相结合进行求解。为了提高计算速度，避免每次迭代都采用有限元法，有学者提出了影响因子法，其基本思想是将结构的整体响应分解为单个节点或部分节点的响应之和，通过计算影响因子，即结构各节点受力和位移对某个目标节点或目标载荷的影响程度，以确定节点的受力和位移。这种方法通过解算节点间的影响关系，以及节点对应的影响系数，可以在不计算整个结构的情况下快速获取节点的受力和变形结果，采用区间法模拟和分析了飞机柔性件的装配偏差，用角度而非孤立的特征点来表示构件的弯曲和扭转，并对基于概率分布的偏差进行了分析。由此可见，国内学者对变差分析进行了大量的研究，但其不足之处在于它与生产之间的联系并不密切。

3. 复合材料结构低应力装配技术与装备

在进行间隙补偿之前，间隙的测量是一项费时费力的工作，目前国内飞机装配过程中仍采用机械式塞尺测量间隙，这一方法严重依赖操作人员的技术水平，而且精度和效率都不高。从目前的情况看，间隙预测的效果基本能够满足飞机的装配要求，可以缩短一定的测量时间，提升了装配效率。但是，间隙预测技术涉及算法开发，并且基于大量的前期生产和测量数据，大规模应用这种技术需要时间和技术人员的开发。随着我国飞机制造行业的不断发展，生产数据会进一步完善，因此为了提高装配效率，在今后飞机复合材料构件的装配过程中，间隙预测将是一种新的检测趋势。

徐福泉等人认为，由于复合材料脆性较大，当间隙为 0.2~0.8mm 时，可采用液体垫片来进行填充；当间隙>0.8mm 时，可采用固体垫片填隙，否则会出现分层、开裂破坏。蒋麒麟等人对复合材料层合板在螺栓拧紧过程中层内的应力分布、螺栓孔边的层间应力分布及复合材料板刚度的变化进行了研究，在未进行填隙和用液体垫片填充的情况下设计了相关试验，并通过建立三维有限元仿真模型来进行验证。结果表明，层合板上表面的压应力和下表面的拉应力大幅度降低，中间层也有下降但幅度较小，这个现象说明液体垫片填隙后使得层内应力分布更加均匀；各层之间应力的最大值逐渐靠近螺栓孔，导致孔边的应力集中，阻止了材料的分层；液体垫片的厚度会对层内应力和层间应力产生很大的影响，随着厚度的增加，其下降的趋势也随之增大，如图 7-10 所示。

目前，国内学者在研究间隙补偿工艺参数对复合材料构件力学性能的影响时，所建立的有限元模型过于简陋，未来研究可以适当提高其复杂性，如将螺母、螺栓和垫圈分别建模，或者将螺栓和螺母啮合部位的螺纹连接表示出来。针对垫片，目前已经通过大量试验验证了单一垫片的补偿情况，下一步的研究工作可以是多种垫片混合补偿。目前，研究人员对准静态拉伸时复合材料构件的性能进行了大量深入研究，但在疲劳载荷、冲击载荷作用下，研究间隙补偿对复合材料构件使用性能的影响尚属空白。

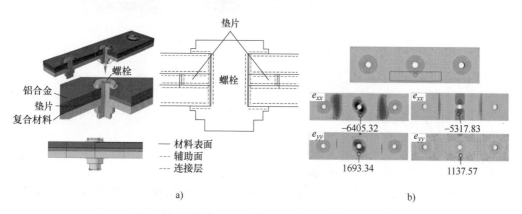

a)　　　　　　　　　　　　　　　　　　b)

图 7-10　单钉装配有限元仿真模型与层间损伤预测

a）单钉装配有限元仿真模型　b）单钉装配层间损伤预测

4. 数字化装配协调技术与装备

近年来，在我国航空工艺发展的过程中，数字化设计制造技术不断推广，数字化协调方法逐渐取代了实物工装模拟量协调方法，并在新型飞机的研制和生产中得到了广泛的应用。其中，在我国某型号飞机壁板的装配过程中，结合数字化测量与数字化设计制造技术，提出了一种采用数字化标准工装进行装配协调的方法，显著缩短了工装制造周期，并降低了制造成本。为了改善飞机大部件精准对接装配的质量，国内各大院校也针对数字化协调装配系统进行了大量的研究。南京航空航天大学与上海飞机制造有限公司在深入研究数字化装配协调的基础上，研制了一套面向大型客机的集成测量和柔性工装的数字化对接装配系统，并在支线客机 ARJ21-700 翼身对接中得到了应用。北京航空航天大学、西北工业大学和浙江大学学者们针对飞机大部件对接装配过程也分别提出了应用测量辅助装配的方法，将测量系统与柔性工装系统集成，通过数据分析实时调整部件装配位姿完成精确配准。图 7-11 所示为 C919 客机数字化装配产线及自动钻铆装备。目前基于数字量的装配协调技术的应用在我国仍是一个不断探索、循序渐进的过程，应逐步由以数字量传递为主模拟量传递为辅的综合协调方法过渡到全数字量协调方法。

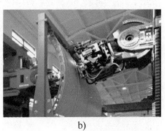

a)   b)

图 7-11　C919 客机数字化装配产线与自动钻铆装备

a）C919 客机数字化装配产线　b）自动钻铆装备

7.3.3　国内外技术差距

从上述国内外相关技术领域研究现状对比可以发现，与国外相比，国内在复合材料构件装配技术及装备领域上还存在着较大差距。

在测量辅助装配技术与装备方面，缺少自动化感知和测量辅助装备与配套软件，测量手段受结构开敞性制约严重，非均匀装配间隙预测精度低。

在柔性件装配偏差分析与控制技术方面，研究内容和方向不成体系，各研究方向各自为战，相互交叉融合程度低，研究工作与实际工程条件关联性不强，自动化程度不高，质量控制方法与控制效果不良。

在复合材料结构低应力装配技术与装备方面，基础研究不充分，内在机理不清，结论与工程实际联系不密切。层合板非线性本构、连接结构二次弯曲效应、紧固件非线性变形、装配间隙/钉孔误差对钉载分配的影响等理论尚待研究，具有自主知识产权的装配工艺标准亟待制定。

在数字化装配协调技术与装备方面，信息化手段应用水平低，缺乏协调数字化样机，交付部、段总装协调不够精准，装配工艺知识、规范知识积累和集成缺乏数字化手段，产线设备运行、工装使用、装备工艺状态参数、质量数据等关键数据无法实时采集和高效管控，大幅度增加了主制造商总装现场的管控难度。

7.3.4　未来发展趋势

随着复合材料应用水平的不断提升，复合材料构件呈现大型化、整体化、复杂化的发展趋势，对复合材料构件装配技术和装备提出了更高的要求。

未来，亟须加强复合材料构件装配基础理论与工艺研究，如复合材料局部强几何约束下的变形行为、非均匀装配间隙的精准预测、装配应力的产生机理及其对性能影响等。研究固化和加筋两个关键工艺过程中复合材料构件变形行为和特点，实现虑及成形-制造工艺全流程的非均匀装配间隙精准预测，进一步建立虑及装配间隙补偿区域的细观结构刚度模型，研究不同材料特性和几何形态的填隙介质在紧固力作用下的变形和载荷传递规律；针对不同大小、形状及分布的装配间隙，确定填隙补偿方法、填隙材料及其参数，为实现大型复合材料构件的高质量装配提供理论基础和技术支撑。

此外，自动化、数字化、智能化的装配装备需求迫切，在计算机辅助设计及数控加工技术不断发展的基础上，信息技术与复合材料制造业的深度融合，自动化、数字化、智能化是未来复合材料构件装配技术与装备发展的主要趋势。柔性复合材料构件的"偏差流"模型优化，以及零件在制造误差、夹具位置误差和定位误差情况下的尺寸偏差预测，行列式结构和多点阵真空吸盘式柔性工装，分散式机身柔性装配工装及自动对接平台技术数字化、自动化、智能化，高效、精准、自动化的精益的工艺补偿技术，智能装配系统对复合材料构件最优装配位置和姿态的自适应调节等技术与装备均将成为本领域的发展重点。

7.4　面向 2035 的复合材料构件装配关键技术及装备

7.4.1　基础前沿技术

1. 虑及偏差控制功能的自感知柔性智能工装技术及装备

柔性定位技术是应用计算机信息技术、数字控制技术，采用各种数控装配工装，实现对装配对象的夹持定位，以保证装配外形与数字模型的一致性。柔性定位技术是柔性工装系统的核心，柔性工装代替了传统的专用工装，可以通过调整工装的位置，使其具有可重构性，能够满足不同结构的装配要求，从而降低工装制造成本，并节省装配时间。柔性装配工装主要包括应用于飞机组件/段件装配阶段的行列式结构柔性工装和多点阵真空吸盘式柔性工装，以及应用于飞机大部件对接装配阶段的分散式机身柔性装配工装和自动对接平台等，它们均具有自动化、数字化和模块化的特点。

现有的多点阵型真空吸吊机柔性工装是一种用于装配和搬运任务的特殊工装设备，它采用多个真空吸盘分布在阵列中，通过控制模块控制吸盘的工作状态和位置，以实现对工件的抓取、吸附和搬运。这种工装具有柔性调节能力，可以根据不同的工件形状和尺寸进行自适应调整，适用于各种复杂形状的工件装配和搬运操作。通过调整吸盘的位置和数量，可以实现符合工件斜坡分布的吸附点阵式结构，提高工作效率和精确度。在产品造型设计发生变化的情况下，可以通过自动调节吸附点阵式的外形，实现整体的合理布置，以满足不同类型结构及精确定位的需要。多点阵式柔性工装可用于对复合材料壁板的定位夹紧，并实现对壁板外形偏差的调控。在实际的偏差控制过程中，往往通过施加位移/力的方式实现复合材料构件的矫形，但在多数情况下主要根据偏差施加不同的约束来满足装配需求。带有数字化感知能力的柔性工装是数值仿真模型与实体物理模型的桥梁，同时也是实现装备过程质量管理的必然要求。此外，面对未来复合材料装备结构呈现复杂化、大型化且非标准件种类多的趋势，开发通用性自感知柔性工装，提出夹紧点分布快速计算方法也是满足高质量、高效率、低成本目标亟须解决的问题。本技术的目标在于开发具有自感知通用柔性智能工装，实现关键数据的实时监测、传输、存储，并且能够实现夹紧位置的自动优化与调整，工作效率提升30%，工装投资费用降低50%。

2. 基于数据驱动的智能装配技术及装备

在基于数据驱动的智能装配领域，我国的相关研究尚处于起步阶段。研究内容和方向不成体系，研究方向各自为战，相互交叉融合程度低；研究工作与实际工程条件关联性不强，自动化程度不高，自动化装配装备研发尚处于起步阶段，许多关键环节，如测量、填隙、拧紧多依靠人工完成，质量控制难度大。信息化手段应用水平低，缺乏协调数字化样机，交付部、段总装协调不够精准，装配工艺知识、规范知识积累和集成缺乏数字化手段，产线设备运行、工装使用、装备工艺状态参数、质量数据等关键数据无法实时采集和高效管控,大幅度增加了主制造商总装现场的管控难度。对于重大工程装备来说,存在着结构复杂且尺寸大、装配工艺复杂且在线控制难、装配自动化与智能化程度低、装配-质量缺乏关联等卡脖子问题,而面向未来的智能制造需求,则存在着装配全过程建模数据难、数字孪生多元数据融合难及大型装配过程虚实融合难的问题。

为满足大型复合材料构件高精度高效率装配需求,本部分的研究目标在于研发装配工艺智能决策与自适应控制软件,建立装配过程信息数字化模型与典型装备智能装配验证平台,实现大型装备或典型复杂大部件装配一次成功率100%,装配效率提高15%以上;形成大型装备智能装配数字孪生建模方法,建立智能装配数字孪生模型,装配数字孪生模型构建率达80%以上;形成基于5G的大型装备智能装配人-机-环境互联共融方法。

7.4.2　共性技术及装备

1. 多物理场、强几何约束下复合材料变形与装配偏差分析调控技术及装备

复合材料凭借其优异的综合性能而得到了大量应用,其应用范围也逐渐由次承力结构向主承力结构扩展。以飞机结构为例,采用复合材料整体壁板来代替传统的金属组装壁板,可在一定程度上减少零件数目,减轻壁板整体重量,并提高壁板的强度和刚度。但是,由于复合材料壁板成形工艺的限制,导致制造完成后的壁板厚度、平面度、角度等尺寸和形状偏差较大,这种制造偏差的存在易产生装配不协调的问题,并且会影响飞机的气动外形准确度。在飞机装配中,通常以具有理论形状的卡板为基准,通过卡板对壁板表面施加一定的夹紧力以调节壁板形状,补偿因制造误差造成的尺寸变形,但夹紧力的施加方式主要依赖经验,难以保证在不损伤复合材料结构的前提下,实现对壁板外形偏差的合理有效调控。在目前的处理工艺中,装配间隙被认为是恒定且均匀的,但实际上的装配间隙受复合材料壁板随机变形的影响,必然是非均匀的。

在该技术方面,最主要的挑战在于多物理场、局部强几何约束下复合材料变形预测难度大、预测精度低,对于某些开敞性差的空间,无法实施测量,相关变形机理不明,调控手段不高。为解决上述问题,本技术研究目标在于完成多物理场耦合作用下的固化变形精准预测模型,提出复合材料装配件外形和位姿调控方法,建立复合材料装配件在局部强几何约束下受力变形预测代理模型,计算结果与实际测量结果偏差<10%,实现构件变形和偏差的精准预测。

2. 复合材料构件低应力装配技术及装备

对飞机复合材料构件进行组装时，必须在确保组装精准度的同时进行，必须对复合材料构件装配应力场进行严格检测。全球各飞机制造商普遍使用测力传感器和电子器件对组件装配负荷规格进行检测，用于在连接环节中对整体机身构件所承受的载荷进行实时监控，在负荷接近或达到限定值时，需要特别重视通过工装的调整来预防超过限定值的问题。目前，如何采用柔性工装实时自动调节以实现构件装配的自适应控制仍在研究中，因此需要制定适用于大型复杂复合材料组件的装配控制和装配预防措施。

由于飞机构件在生产和加工过程中存在误差等多种因素，飞机装配时，不同组件顺从面的正中央将呈现样式、规格型号参差不齐等情况，如顺从面间隙（或干涉）、紧密配合的孔轴线参差不齐等。为了避免部件被迫组装而造成过高的组装应力场，在生产上通常采取合适的加工工艺预防措施，如抬高密封垫片的补偿间隙、抛光处理（或锉修）干涉零件、对孔进行精加工等。该技术关键是要揭示复合材料中应力场引起的基本原理，明确提出对复合材料装配应力场的控制途径，形成自主产权复合材料结构组装间隙补偿工艺标准，研制非均匀装配间隙的自动式填隙武器、垫片厚度的尺寸偏差在 0.1mm 以内，分析填隙化学物质在装配结构全局及局部弯曲应变中的作用机理，对装配结构特征进行分析和预测的结果与检测结果之间的偏差<10%。

7.5 面向 2035 的复合材料构件装配发展目标与技术路线图

7.5.1 发展目标

到 2025 年左右，在复合材料构件几何外形表达技术方面，实现真实物理构件在虚拟环境的映射、表达和误差管理；对于大型柔性复合材料构件的自动化精准装配，实现行列式结构柔性工装、多点阵真空吸盘式柔性工装、分散式机身柔性装配工装及自动对接平台技术的高度数字化、自动化、智能化；在尺寸偏差控制技术方面，实现构件在制造误差、夹具位置误差和定位误差情况下的尺寸偏差预测；在复合材料构件的装配应力控制方面，实现柔性工装中高精度传感检测元件的实时监测，以实时准确监测对接过程中机身部件的应力极值。

到 2030 年左右，在复合材料构件几何外形表达技术方面，实现体素模型对曲面的表达及通过体素模型模拟体素单元受力时的剥落过程；在柔性定位技术方面，完善数字化测量与柔性工装相结合的调姿定位系统，实现机身主要构件的自适应装配；在尺寸偏差控制技术方面，完善数控定位器位移数据与构件外形偏差检测点之间的反演计算模型，实现构件装配变形情况的预测校正；在复合材料构件低应力装配技术方面，开发出高效、精准、自动化的精益工艺补偿技术，以替代目前的手工作业。

　　到 2035 年左右，在复合材料构件几何外形表达技术方面，建立一套完整的"面"的模型表达方法，构建基于"面"的表达方法的构件几何外形特征数据库；在柔性定位技术方面，完成多点真空吸盘式夹紧工装与六自由度机器人相结合的真空吸盘式柔性装配定位系统；在尺寸偏差控制技术方面，建立基于力控制的构件柔性定位方法，实现精准控制执行器的运动，对构件外形进行闭环自适应控制；在复合材料构件低应力装配技术方面，结合自动化工艺补偿技术，实现柔性工装的实时自动调整及对构件装配载的自适应控制。整体上讲，通过机器学习及深度学习等技术，根据不同的构件外形偏差情况，预测执行机构的最优布局，在实际装配前完成对构件外形的变形补偿，以保证构件外形准确度满足设计要求，满足我国对于 2035 智能制造的发展需求。

7.5.2　技术路线图（见图 7-12）

复合材料构件装配工艺及装备	需求与环境	复合材料构件的装配质量直接决定结构的性能、安全性和寿命等关键技术指标。传统的复合材料构件装配大多采用手工或专用型架进行装配定位，以模拟量为传递方式。随着计算机辅助设计及数控加工技术的发展，复合材料构件装配技术由传统的模拟量协调向数字量协调转变。随着先进制造装备的发展，信息技术与复合材料构件制造业的深度融合，测量辅助装配技术及数字化协调技术已在复合材料构件装配中得到广泛应用
	方向与目标	开发复合材料构件装配技术的新理论、新工艺、新装备，突破大尺寸、复杂的复合材料构件的自动化、数字化、智能化、高质量装配
	发展重点	1）完成多点真空吸盘式夹紧工装与六自由度机器人相结合的真空吸盘式柔性装配定位系统，达到机身壁板的姿态可以自动调整至形状偏差落在装配公差范围之内的目标 2）通过安装在柔性机器人末端执行器上的力传感器实时获取装配力和扭矩值，实现精准控制执行器的运动，对构件外形进行闭环自适应控制 3）结合自动化工艺补偿技术构件实现柔性工装的实时自动调整及对构件装配载的自适应控制；通过机器学习及深度学习等技术，根据不同的构件外形偏差情况预测执行机构的最优布局；在实际装配之前完成对构件外形的变形补偿，以保证构件外形准确度满足设计要求 4）深入研究数字化装配技术与装备，融合5G、工业互联网、人工智能等新型信息化技术，实现大型复合材料装备的智能装配

图 7-12　技术路线图

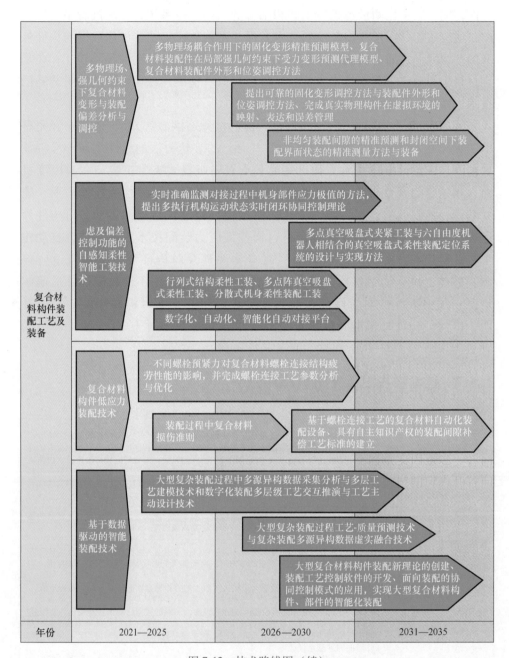

图 7-12　技术路线图（续）

第**8**章
复合材料构件检测、监测及评价

8.1 技术内涵概述

  复合材料构件一般具有各向异性的材料属性和结构型面复杂的特点，在多种复杂制造和服役过程下，往往会产生不同类型的缺陷和损伤，如制造过程中引入的孔隙和纤维弯曲，服役过程中产生的分层、裂纹和冲击损伤等，这些损伤不断积累且互相作用，最终导致复合材料性能衰退，从而引起构件失效。以大型风机叶片为例，在运行过程中发生事故的概率随服役时间逐渐增大，叶片安全性往往会给风电产业发展造成较大影响。E. Echavarria 等人历经 10 年的不断研究，深入探讨了 1500 余台风电机组的各种故障，同时对不同年份的各种部件更换数量予以综合分析，最终结果表明，叶片是其中消耗量最大的部件，如图 8-1 所示。结合凯斯尼斯风电场信息论坛中的相关统计分析数据，每年风电叶片发生故障的数量达到 3800 个，其故障发生比例达到 1∶184，叶片故障会给风电机组的运维造成极大影响。叶片故障及事故发生概率较高，同时需要面临极大的经济损失，因此我国相关部门针对此下达了《关于规范风电设备市场秩序有关要求的通知》，提出应当"提高认证确保风电设备质量的检测力度"，在所有叶片出厂前都需要对其予以检测认证。

  为了保证复合材料构件在制造和服役过程中的安全性和可靠性，减少不必要的损失，对复合材料构件进行定期检测、在线监测和综合评价具有重要工程意义。其中，复合材料构件的检测技术涉及结构力、声、光、电、温度等多物理量的测量，通过建立损伤与被测物理量之间的关系，实现损伤的无损评估。复合材料构件的监测技术是通过在结构表面或内部集成多机理的传感网络，获取结构响应信号的变化，揭示复合材料构件损伤与性能的状态。复合材料构件

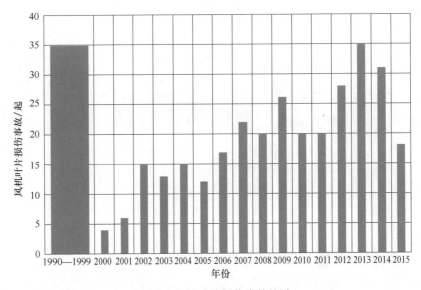

图 8-1　风机叶片损伤事故统计

的综合评价技术是利用检测与监测的结构信息，基于损伤演化和性能退化的物理机制或大数据驱动模型，实现整体构件的综合评估和预测。这三者相辅相成、紧密融合，以期完善和准确地对复合材料构件性能进行监控与保障，支撑制定复合材料构件的维护和修复方案，使得复合材料构件得以安全服役并充分发挥其最大经济效益。《中国制造 2025》明确指出，先进复合材料发展是重点领域突破发展的目标之一，而检测、监测技术与设备则是确保复合材料产品综合性能达到国际同类产品先进水平的必要技术手段。工业和信息化部等 4 部门发布的《新材料产业发展指南》也指出，复合材料是未来的关键战略材料，其服役检测技术的发展具有重大的战略意义。在检测、监测技术方面，有报道指出，截至 2021 年，我国从事检测的相关机构多达 2000 多家，从业人员超过 30 万，市场规模 1000 亿元以上。近年来，我国的产业转型也直接影响了无损检测市场的发展，技术密集型的检测产业正逐步替代传统的劳动力密集型方法。此外，第四范式，即人工智能和数据驱动的理念也深刻影响了检测产业的发展，检测产业总体上向智能化、自动化、信息化方向发生转变。

　　近年来，我国在多种检测与监测领域内取得了创新性成果。从近 5 年论文发表情况看，以"复合材料检测""复合材料健康监测"及"复合材料评价"等为关键词在 Web of Science 数据库中进行检索，相关论文总数逐年增加，而我国论文总数在健康监测与无损检测方向的占比排在第一。然而，我国的大部分研究属于跟踪改进型，在原始创新与革命性技术突破方面仍有不足，而且在高端无损检测装备制造方面，与欧美、日本等发达国家和地区仍存在一定差距；在许多工业应用领域中，高精度、高效率和大扫查范围的检测和监测装备仍然依赖进口。

　　针对未来复合材料构件精确制造的需求，围绕复合材料构件制造-服役-维护的全生命周期，在航空航天、海洋工程、交通运输及电力设施等应用领域对复合材料构件检测、监测及评价技术的牵引下，从检测精度、检测效率、制造过程约束、服役过程约束及评价预测的角度，对高精度复合材料构件检测技术、大型复合材料构件检测技术、复合材料构件制造过程检测技术、复合材料构件服役过程健康监测技术及复合材料构件性能综合评价技术进行了国内外发展现状的调研与分析，归纳总结了相关的关键技术，并阐述了相关技术的发展趋势和关键问题，制定了复合材料构件全生命周期中检测、监测及评价技术的发展目标和路线图，如图 8-2 所示。

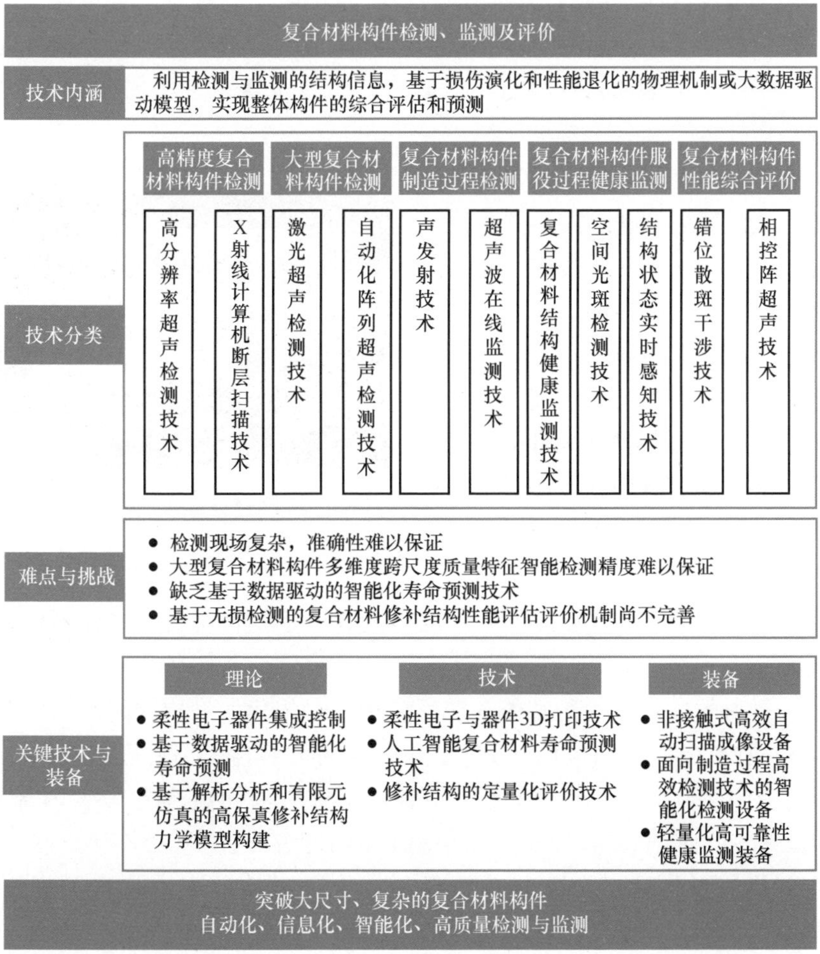

图 8-2　复合材料构件检测、监测及评价技术的发展目标和路线图

8.2 重大工程需求分析

随着我国航空航天、轨道交通、汽车、船舶等行业的快速发展，对相应复合材料构件的性能要求不断提升，大尺寸、变曲率、变截面的复合材料构件被广泛应用于各个领域，而且制造工艺也越来越复杂，导致制造成形过程中复合材料构件出现内部缺陷的风险增大。此外，复合材料在服役过程中若受到复杂的载荷条件，结构内部难免出现损伤，在损伤的逐渐累积下结构甚至可能失效。因此，利用无损检测和健康监测等技术手段，探明材料缺陷，评估构件质量，不仅能够优化工艺流程，保障符合设计要求且质量稳定的结构件生产制造，还能实现构件服役过程中的损伤自诊断，进一步保障结构服役的可靠性。针对未来复合材料构件精确制造的需求，复合材料高精度检测技术、复合材料构件服役过程健康监测技术及复合材料性能综合评价技术等多种相关技术成为检测、监测与评估技术的重要发展方向。

复合材料具有非均匀、各向异性的特点，其内部损伤缺陷大多始于微小的缺陷，如微孔隙、微裂纹等，后续逐渐发展为宏观的损伤，如复合材料在拉伸时，其损伤演化通常是基体横向开裂进而扩展至层间开裂，最终演化为纤维束纵向开裂直至断裂（见图 8-3）。在初始过程中的损伤通常都是在微米量级，因此阐明复合材料微观损伤的演化过程和结构失效机理日益重要，检测与评价微观损伤的高精度检测方法是复合材料无损检测技术的重要方向之一。

图 8-3　复合材料细观损伤对高精度检测技术的需求

复合材料的优势之一是其能够广泛应用于一体化大型构件的制造中，能够有效减轻结构重量，同时可以不断提升结构的可靠性，因此在航空航天等多个领域中的应用日益广泛。但是，大型复合材料构件更容易产生内部缺陷，并且其设计使用期限一般较长，如果材料内部存在缺陷将会产生严重的生产或安全事故，因此针对大型复合材料整体构件的高效率原位检测意义重大（见图 8-4）。考虑大型复合材料构件的尺寸和其通常具有的复杂型面，亟须大力发展原位非接触式扫查检测，以满足大尺寸曲面复合材料构件的快速、智能化检测需求。

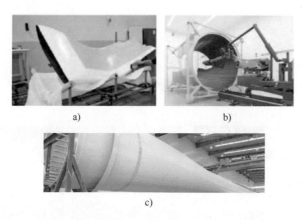

a)　　　　　　　　　　　　b)

c)

图 8-4　大型复合材料整体构件的检测需求

a）飞机复合材料进气道　b）飞机整体舱段　c）复合材料风机叶片

复合材料构件成形制造工艺主要有预浸料热压成形和树脂传递模塑工艺等，如果制造工艺不完善，复合材料构件制造过程中会产生各种各样的缺陷。例如，当预浸料内出现毛团、树脂含量不均匀等现象时，会导致复合材料构件中存在纤维屈曲及贫胶等多种问题。同时，预浸料长期存储的缓慢固化过程会造成树脂的流动性降低，从而产生富胶甚至分层，图 8-5 所示为复合材料构件常见缺陷类型。对复合材料构件在成形过程中产生的缺陷，若未能及时找出并对其予以合理修补，则会给构件后续加工及实用性造成较大影响，最终导致失效。例如，孔隙会造成复合材料层间剪切强度降低 30%，纤维/环氧复合材料在制造和应用过程中，如果其孔隙率提升 1%，所对应的层间强度将降低 7% 左右，甚至会在二次加工中造成产品报废。其次，由于采用纤维增强复合材料制造的零件通常使用螺栓、铆钉等机械连接来实现零部件间的装配，制孔成为复合材料构件加工过程中普遍且重要的工序，在制孔过程中易产生毛刺、撕裂、分层等缺陷，从而影响构件的使用性能。当构件承受载荷时，孔边会随之形成应力集中，可能会导致树脂开裂及分层等问题，对构件的承载能力造成较大影响，据统计，飞机结构中有 60%~80% 的损坏都发生在连接部位。因此，在复合材料构件成形和加工过程的无损检测对保障结构安全性能、提高结构成品率非常重要。

复合材料在服役过程中一方面需要承担由于长时间多样化载荷及意外冲击载荷造成的多种影响，同时还要受到温度、环境等影响，各种影响因素在独立

图 8-5　复合材料构件常见缺陷类型

a) 基体断裂、脱黏　b) 纤维弯曲　c) 孔隙　d) 纤维断裂、突出　e) 制孔过程的毛刺与分层

存在或共同作用下，都会给复合材料的性能带来极大的负面影响。因此，及时监测并发现复合材料结构损伤，对预防突发性破坏与结构失效具有重要意义。如图 8-6 所示，以永久集成在复合材料表面或嵌入结构内的分布式传感器网络为基础的结构健康监测技术是当前最具结构完整性的重要前沿发展技术。为保证服役中结构健康监测的精度和可靠性，需提高传感器的数量与分布密度，但为提高传感器的利用效率，扩大监测范围，需降低传感器数量，缩小信号处理的规模。因此，须结合实际结构及监测区域特征，利用优化算法，对传感器网络的位置、数量进行优化布置，降低结构健康监测系统的使用维护成本，提升工程应用价值。

复合材料通常是一种准脆性材料，因此材料内部可以积累一定程度的损伤而仍旧保持构件的完整，但在服役载荷的作用下，这些损伤会不断累积和扩展，导致复合材料力学性能的退化，最终导致结构破坏，如图 8-7 所示。因此，简单地探明损伤的形貌、尺寸和位置并不能满足复合材料构件各项安全性及可靠性相关要求，应当结合当前问题构建涉及损伤的复合材料构件性能预测方法，提出多特征融合的疲劳特性表征方法，构建复合材料结构性能演化数字孪生模型，通过无损检测的方式，对复合材料的性能予以合理评价，从根本上保证复合材料结构在服役中的安全可靠性。

a)

b)

图 8-6　飞行器服役过程的健康需求

a）波音 737 的健康监测系统集成　b）集成于结构的传感器网络

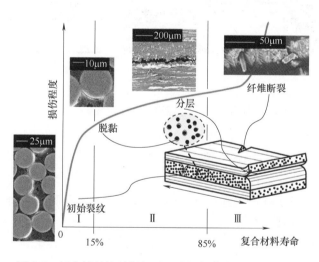

图 8-7　复合材料构件服役过程中的损伤演变及表征需求

8.3　复合材料构件检测、监测及评价研究与发展现状

8.3.1　国外发展现状

1. 复合材料高精度检测

国外研究成果大多集中在使用高分辨率 X 射线计算机断层扫描（computerized tomography，CT）技术及高分辨率超声检测技术（ultrasonic testing technology，

UTT），利用 X 射线 CT 检测技术可以观察到复合材料内部微观、细观结构，X 射线的对比度是由光束通过不同 X 射线密度的区域时的光束衰减变化形成的。美国通用电气公司（general electric company，GE）生产的工业纳米 CT nanotomm 可达到 0.2μm 的检测精度。日本高能粒子加速中心使用纳米同步辐射 X 射线计算机断层扫描（nanoscopic synchrotron radiation x-computer tomography，NSRXCT）对碳纤维增强材料的裂纹发生和扩展进行了观测，空间分辨率高达 50nm，这项新的研究展示了非破坏性的三维（3D）可视化裂纹尖端周围的树脂基体变形行为，其试验装置及原理如图 8-8 所示。

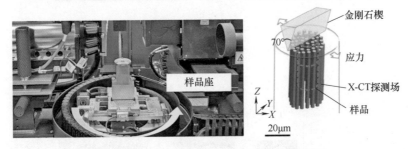

图 8-8　X 射线计算机断层扫描试验装置及原理

英国南安普顿大学使用微焦计算机断层扫描（microfocus computer tomography，μCT）和同步辐射计算机断层扫描（synchrotron radiation computed tomography，SRCT）方法来评估冲击损伤。使用的试验件是受到了低速冲击的含有未增韧或粒子增韧树脂系统的复合材料薄板，SRCT 和 μCT 可以分别以 0.7μm 和 4.3μm 的空间分辨率对损伤进行三维评估。通过 μCT 的观察和测量，研究人员捕捉到了两种材料系统的冲击破坏程度，揭示了层内和层间裂缝的相互连接网络。意大利电子技术研究院利用 CT 技术评估了复合材料的层状结构和三明治结构的孔隙度水平，并通过 CT 技术渲染出了完整三维损伤模型，提供了人机互动的三维定量化缺陷分析形式，可分析孔隙度等缺陷。

扫描声学显微镜（scanning acoustic microscopy，SAM）是利用超声显微检测技术，对材料进行无损、快速和高精度的检测，超声图像是由介质边界反射的回波信号或由包裹体散射的回波信号形成的，反射或散射的回声信号的振幅主要取决于共轭介质的声学成像差异。斯坦福大学使用超高频换能器（频率为 15.3GHz、分辨率为 15nm）对置于加压液态氦中的试样进行了检测。在行业标准方面，美国材料与试验协会（American Society for Testing and Materials，ASTM）在 1972 年批准通过了 E446 标准。该标准的现行版本于 2020 年 11 月通过，包括适用范围，参考文件及射线检测中所用的术语，如分类规范、不连续类的描述术语等，以及实施射线检测的资质、评价程序步骤等。

2. 大尺寸高效检测

洛克希德·马丁公司和空客公司在激光超声检测方面进行了较多的研究和应用。洛克希德·马丁公司制造的 LaserUT 系统分别服务于美国军方和空客公司，用于复杂形状构件的检测，其探针与试件的距离为 1.5~2.5m，LaserUT 系统最快检测速度可以达到 400 点/s，但这套系统的检测速度受激光器重频的限制，已有激光器的脉冲速率可达到 1000Hz，相当于 $14m^2/h$ 的扫描覆盖率。由于检测效率的大幅度提升，根据洛克希德·马丁公司公布的数据（见图 8-9），在 2000 年 6 月到 2006 年 1 月，使用激光超声系统检测约 13000 件复合材料构件，巅峰时检测速度高达一个月 450 件，比传统超声技术节省数亿美元的资金和人力成本。

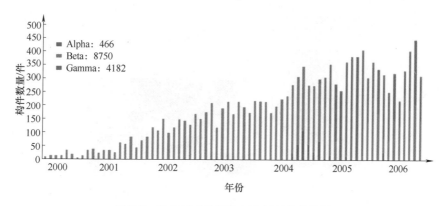

图 8-9 激光超声检测的复合材料构件统计

此外，为满足更高精度需求，空客公司升级改进了激光超声系统，通过增加光折射干涉仪，可检双曲面复合材料构件的厚度从 1.6mm 增至 15mm，并增加测距仪对复杂结构进行三维模型重构，可以实现大型复合材料构件检测结果的三维显示。为了满足新项目的需要，空客 2011 年购置了美国 iPhoton 公司的 iPLUS Ⅲ型激光超声检测系统（见图 8-10），用于检测 A380、A350 等新型客机的复合材料构件。比利时列日大学针对大曲率复杂型面复合材料构件的缺陷损伤检测，将激光超声检测技术与机器人相结合。

意大利航空发动机公司研制了一套阵列超声自动化检测系统，可对火箭固体推进剂绝缘结构的圆柱形部分和液体推进剂的管道进行检测，如图 8-11 所示。所设计的构件旋转支撑系统和水耦合循环系统能使换能器在固定位置自动实现检测区域的超声 C 扫描检测，很大程度上提高了大型结构件的检测效率和可靠性。加拿大国家材料研究所研制的检测修复阶段飞机构件的激光超声检测系统，检测设备与构件的距离可达 1.4m。

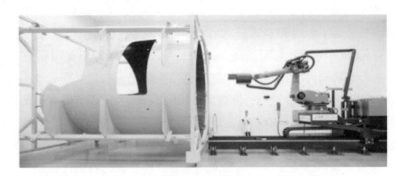

图 8-10　iPLUS Ⅲ型激光超声检测系统

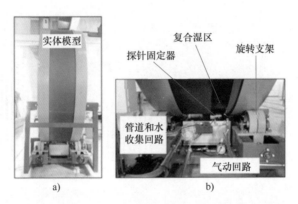

图 8-11　用于大型火箭结构的阵列超声自动化检测系统

a）大型火箭结构　b）阵列超声自动化检测装置

在行业标准方面，美国试验与材料协会制定了《声发射技术应用于玻璃纤维增强塑料材料基体损伤的设计应力操作规程》（ASTM E2478-2011）、《采用声发射法检验充气长纤维缠绕复合材料压力容器的标准实施规程》（ASTM E2191/E2191M-2010）、《航空航天设备用板状和平板复合结构的声发射检验的标准实施规程》（ASTM E2661/E2661M-2010）、《带巴沙（balsa）木芯的玻璃纤维增强塑料压力容器的声发射检验的标准规程》（ASTM E1888/E1888M-2007）、《平板复合材料和夹层芯材的超声波测试用标准实施规程》（ASTM E2580-2007）、《复合材料、叠层板材和粘接件的声学超声波评定的标准指南》（ASTM E1495-2007），以及《用于航空航天器的平板复合材料和夹层芯材 X 线检查的标准实施规程》（ASTM E2662-2009）、《航空航天用合成板条和检修片红外闪热成像法的标准实施规程》（ASTM E2582-2007）等复合材料构件检测相关标准。

3. 复合材料构件制造过程检测

复合材料的固化工艺和制作过程严重影响制件的成形质量与力学性能，为了保证复合材料的产品质量，降低生产成本，基于先进传感技术，各国学者开展了大量的复合材料固化过程监控研究工作。希腊约阿尼纳大学根据超声波波速和振幅实时监测数据，运用超声波在线监测方法监测环氧树脂的固化过程，得到在固化过程中树脂黏度和弹性模量的变化信息。比利时根特大学利用印制电路板技术在柔性衬底上制作介电传感器，实时在线监测树脂固化过程。瑞士洛桑理工学院用热电偶和光纤布拉格光栅传感器监测了真空辅助树脂传递模塑成形（vacuum assistance resin transfer molding，VARTM）中复合材料温度和应变变化，并建立了固化工艺的评价模型，如图 8-12 所示。

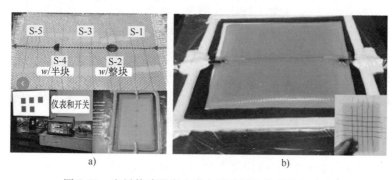

图 8-12　光纤传感器嵌入真空辅助树脂传递模塑成形

a）光纤传感器嵌入 VARTM 流程　b）光纤传感器嵌入 VARTM 制件

日本东京大学对复合材料加强筋结构 VARTM 生产过程中的树脂流动前沿、应变和温度进行监测，采用布里渊散射光时域分布式传感系统，将分布式传感器永久集成于复合材料中，成品具有结构健康监测功能，但损伤定量分析的精确度有待提高。东京大学为实现固化时温度和应变的独立测量，研制了混合布里渊-瑞利光时域分布式传感系统，在等温和非等温两种温度载荷下进行监测，所得结果与光纤布拉格光栅传感器的结果相比，精度达 98% 左右。英国曼彻斯特大学为精确监测树脂流动前沿，基于光频域反射计的分布式传感系统，根据温度补偿结果计算了固化时残余应力的积累，识别出玻璃态转变和脱模过程。复合材料固化过程中的温度监测多采用热电偶，为便于进行内部温度测量，需要将热电偶放入模具，甚至是嵌入复合材料固件中。此外，可根据树脂温度差和交联反应的放热特性，使用热电偶监测一些固化特性。美国佛罗里达州大学采用表面涂覆有纳米石墨片薄膜的玻璃纤维和碳纤维作为传感器，制成压缩电阻应变传感器，嵌入预浸渍材料中，通过监测电阻的变化来得到固化过程中的内部应变，并且固化后可以实现结构健康监测。

4. 复合材料构件服役过程的监测

国外对于结构健康监测的相关研究起步较早。1998 年，美国 NASA 采用光纤光栅传感器监测可重复使用运载器（RLV X-33）低温贮箱的状态，如图 8-13 所示。洛克希德·马丁公司在其新一代战斗机 F-35 中安装了先进预测及健康管理系统。美国波音公司在多个机型上采用结构健康监测技术对复合材料构件的微裂纹进行监测，构建了飞机结构健康监测的基本体系框架。意大利坎帕尼亚大学通过建立有限元模型模拟导波在玻璃纤维复合材料小翼结构中的传播机制，从而实现了对结构损伤状态

图 8-13 粘贴于 RLV X-33 航天飞机燃料罐的光纤光栅传感系统

的实时监测，并通过概率椭圆法评估了监测区域中损伤出现的概率。英国帝国理工学院提出了一种基于热塑薄膜的新的压电陶瓷传感器的安装方法，可用于热固性塑料和热塑性塑料复合材料的健康监测。

日本富士重工将光纤光栅传感器埋在碳纤维复合材料分层结构中，通过压电晶片驱动器激励弹性波，利用复合材料在弹性波传播的方向出现损伤时光强的衰减和波速的变化，实现对飞行器先进复合材料结构的损伤监测。英国克兰菲尔德大学研制出一种基于光纤末端散斑干涉图像监测的飞机结构损伤监测系统。该系统使用多模光纤振动传感器对碳纤维复合材料飞机结构件进行空间光斑检测，利用结构中发生损伤时散斑的变化对结构损伤状况进行评价。NASA 阿姆斯特朗飞行研究中心将光纤传感器粘贴分布在复合材料储罐表面形成网络，利用开发的监测系统实时读取光纤传感器传出的应变和温度数据，并绘制出高空间分辨率的密集应变轮廓，通过实时评估安全系数来监测压力储罐的健康状态，以规避复合材料储罐爆炸的风险，如图 8-14 所示。

此外，国外已有企业将研发的基于复合材料的健康监测方案整合成了产品。美国 Acellent 公司开发了一种可安装碳纤维材料且可嵌入传感器网络的薄膜，这种柔韧性薄膜采用了压电传感器，称为"智能夹层"。美国 Acellent 公司的"智能夹层"系统既可以与软件和硬件相配合建成结构健康监测系统，也可以将智能夹层永久地安装在复合材料构件中，而其他数据分析软硬件安装于地面，实现与简单的周期性地面无损检测系统类似的功能。英国 Meggitt 公司使用丝网印

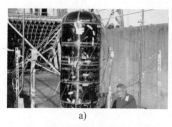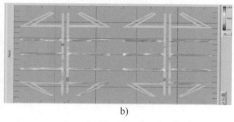

a)　　　　　　　　　　　　　　　　b)

图 8-14　复合材料储罐健康状态监测

a）复合材料储罐传感器粘贴分布　b）复合材料储罐微应变表面图

刷技术或喷涂技术在碳纤维增强型复合材料等其他多种材料表层打印传感器，再通过印制导线将印刷的传感器连接起来，印刷的传感器通过三角测量完成损伤定位。这套设备重量轻，传感器覆盖范围广，应用于健康监测中很有优势。此外，德国 BeanAir 公司开发了一种用于检测碳纤维增强复合材料剩余寿命的无线传感网络，该网络非常轻便，而且可以满足可靠性、低功耗和精准同步的需求。

目前，复合材料结构健康检测相关的工程应用较少，几乎没有相关的行业标准，但由于该技术在土木工程等领域应用较多，因此也发展了一些行业标准和指南。2001 年 9 月，加拿大新型结构及智能传感研究中心发布了《结构健康监测指南》，其中关于传感器性能和损伤识别方法的介绍较为丰富。为将现有的监测技术加以推广和应用，2006 年，结构评估、监测与控制（structural assessment, monitoring and control，SAMCO）组织在欧盟的组织下发布了《结构健康监测指南 F08b》。

5. 复合材料构件的性能评价

英国剑桥大学针对各类无损检测技术在复合材料构件的制造缺陷和服役损伤检测中的应用进行了总结，其中 X 射线技术、数字成像相关技术、红外热成像技术、声发射技术和超声检测技术是主要的研究热点。法国图卢兹大学探究比较了红外热成像检测技术、错位散斑干涉技术和超声检测技术在复合材料构件中检测缺陷损伤的效率，结果显示，红外热成像技术和错位散斑干涉技术的检测速度比超声检测技术快 10s，其中碳纤维/环氧树脂层合板的检测成像结果对比如图 8-15 所示。

意大利巴里理工学院使用一种新型的微波锁定热成像技术对玻璃纤维增强复合材料和碳纤维增强复合材料的冲击损伤区域进行了检测，提出了一种新的基于傅里叶变换的算法对数据进行处理和评价，该方法可以检测深度>10mm 的损伤。西班牙富恩特纽瓦大学针对复合材料多种不确定性因素，提出了一个多

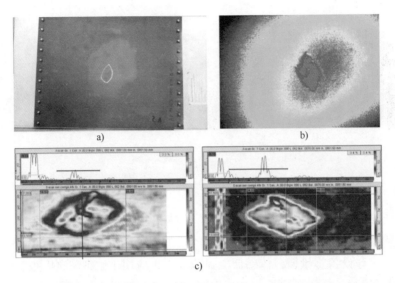

图 8-15　碳纤维/环氧树脂层合板的检测成像结果对比

a）碳纤维/环氧树脂层合板　b）红外热成像结果　c）超声检测成像结果

层贝叶斯逆问题框架，基于超声波测量的方法，可对损伤进行识别，实现了复合材料的健康状态的评价。

综上所述，国外各高校和研究机构在复合材料构件的检测、监测和评价技术方面起步较早，在各个方面都有较好的技术积累和发展。在高精度检测技术方面，国外学术界着力发展了 X 射线 CT、声学显微镜等技术，已经取得了相当高的检测精度，并将相关技术应用于复合材料构件的微观损伤机制研究，突破了传统检测和监测技术的应用领域。在大尺寸检测技术方面，激光检测技术由于其非接触式扫查的特征和超声导波的固有特性，得到了较多的关注，特别是和机械臂等自动化技术相结合后可以大幅度提升检测效率，是一种具有较好应用前景的大尺寸曲面复合材料构件检测技术。在制造过程检测方面，光纤和热电偶是广泛应用的传统技术，但也存在一些不可避免的固有缺点。因此，国外学术界正致力于发展一些新原理技术，如纳米石墨片薄膜涂层和柔性线路板打印技术等。复合材料构件服役过程的监测是健康监测技术的发展重点，传感器的原理和集成、信息的采集和处理，以及整体设备的能耗是这个方面的主要研究主题。最后，对于复合材料构件的评价技术，早期的研究重点聚焦于损伤形貌、面积、位置等特征的识别和重构，近年来随着对复合材料失效机理的认识逐步加深，复合材料构件的剩余力学性能，如刚度、强度和疲劳寿命等成为评价的新指标。

8.3.2　国内发展现状

1. 复合材料高精度检测

上海交通大学将 X 射线 CT 技术应用于复合材料拉伸损伤演化领域，分析了损伤演化的过程，将 X 射线层析技术应用于复合材料检测中，其分辨率可以小于碳纤维直径。吉林大学运用太赫兹时域光谱技术提高碳纤维防火涂层厚度的检测精度和范围并进行脱黏缺陷检测，实现了精度达 $10\mu m$、有效范围从 $170\mu m \sim 8mm$ 的碳纤维防护涂层厚度测量，成功发展了一种高精度和宽量程的碳纤维防火涂层的检测新方法，如图 8-16 所示。与传统方法相比，太赫兹波对陶瓷基复合材料（CMC）有较强的穿透性且应用灵活，提供了更好的解决方案。高分辨率涡流线圈探针结合空频域信号处理方法，实现对碳纤维复合材料细观尺寸范围内的纤维分布，以及纤维缺失、褶皱和空隙过大等缺陷的涡流成像，适用于对碳纤维增强复合材料（CFRP）板中的纤维方向和细观分布进行测量，具有很高的分辨率。

a)　　　　　　　　　　　　b)

图 8-16　太赫兹透射成像和反射成像系统

a）透射成像系统　b）反射成像系统

2. 大尺寸高效检测

国内对激光超声的研究起步较晚，始于 20 世纪 90 年代末。近年来，北京航空航天大学、中国航空综合技术研究所、南京航空航天大学等研究机构陆续搭建了针对复合材料的激光超声检测试验系统。其中，南京航空航天大学搭建的高扫描频率激光超声检测系统，激光器重复频率达 1kHz，实现了对高超声速飞行器多层粘接热防护结构的无损检测。北京航空航天大学先进无损检测技术实验室完成了大型喷水 C 扫描系统的开发，系统采用六自由度机械臂进行曲面构件的 C 扫描检测，并与中航复合材料有限责任公司合作，对复合材料曲面构件阵列超声检测的成像系统及轨迹规划进行研究，其研究成果将应用于国产大型客机 C929 中大型复合材料曲面构件的自动化检测。北京理工大学发明了针对各向异性异质复杂型面构件内部缺陷超声扫查检测的声束位姿空间控制方法、多维柔性超声无损检测仪器系统，实现了大尺度固体火箭发动机复合材料壳体及裙部粘接状态的超声透射无损检测，以及航空发动机叶片和风力发电叶片等叶身的全范围超声无损检测。

北京航空制造工程研究所在复合材料超声检测技术、技术平台研发能力、工程应用等方面处于行业前沿。经过二十多年的持续研究，形成了一系列适合我国复合材料设计-制造-应用一体化的高分辨超声检测技术和仪器设备、检测标准等，拥有面向大型复合材料构件高效超声自动扫描成像技术，成为继波音、空客公司外，第三家拥有自主研发扫描检测系统的业内领头单位。该所对多通道超声快速检测技术进行了长期研究，研制的 CUS-6000 多通道超声检测系统（见图 8-17），一次最大扫查面积可达 7500mm×6000mm，检测效率是传统单通道超声检测系统的 15~20 倍，已投入规模化批量生产应用。该所自主研发的大型复合材料超声自动扫描成像检测系统 MUI-21，可用于翼类复合材料蒙皮结构的快速检测。

图 8-17　CUS-6000 多通道超声检测系统
a）扫描系统　b）成像与控制系统

3. 复合材料构件制造过程检测

为更好地保障复合材料构件的质量，亟须加强生产加工过程的质量控制，主要包括预制体成形过程的控制与检测，以及复合材料构件的裂纹扩展监测（见图 8-18）。与此同时，随着预制体生产技术的不断进步，对预制体结构的需求也由单向的二维结构向复杂多向的三维结构过渡。厦门大学通过压电传感器"神经"网络实现了在复合材料液体模塑成形固化过程中有效检测树脂流动前沿和固化反应进程。天津工业大学通过检测固化过程中超声波声速和振幅的变化情况，实现对乙烯基树脂及其复合材料固化过程的实时在线监测。北京航空航天大学研究了基于纳米材料的纤维传感器，用于复合材料固化过程高灵敏度和多功能现象监测，在连续制造的基础上，系统地研究了碳纳米管涂层、石墨烯涂层和碳纤维传感器，通过实时电阻变化监测复合材料的完整成形过程。江西洪都航空工业集团有限责任公司针对复合材料制造过程中存在的零组件定位不准确、模具高温形变、部件型面变形等问题，应用激光跟踪仪和激光雷达设备对复合材料产品实物和工艺过程进行检测分析，提出了数字化检测技术辅助定位指导装配，开展了产品和模具型面检测指导制造，有效地改善了复合材料产品质量。

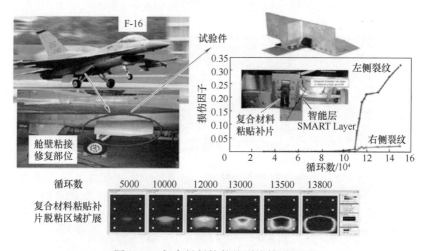

图 8-18　复合材料构件的裂纹扩展监测

4. 复合材料构件服役过程的监测

虽然国内的结构健康监测技术起步较晚，但近年来，许多高校和科研机构也开展了许多相关研究工作，取得了一些成果。南京航空航天大学、中国沈阳飞机设计研究所、中国飞机强度研究所共同合作，首次进行了针对某款无人机机翼盒段试验件的压电-光纤综合结构健康监测系统研制与功能验证。大连理工大学与中国飞机强度研究所共同开发了基于分布式光纤传感器的结构状态实时感知系统，将分布式光纤传感器粘贴在存在一些损伤的翼梢小翼表面，该系统可以实现受载状态下复合材料翼梢小翼的应变场实时感知。西安交通大学运用特殊工艺制成纳米级"智能涂层"传感器，研发了以纳米涂层为敏感末梢、传感器电阻为损伤监测参量、应用计算机巡检的"信息智能涂层监测系统"。陆军工程大学利用 Lamb 波阵列扫查技术对 CFRP 结构的雷击损伤问题进行了在线监测研究及技术验证。空军航空大学将电阻抗谱法与支持向量机相结合，建立了基于 EIS-SVM 的飞机复合材料健康监测技术，该技术相比传统的电阻抗谱法具有更高的健康状态辨识准确率。

光纤光栅传感器具有抗电磁干扰、轻量，对材料影响小的优点，更适合嵌入结构中进行实时监测。上海飞机制造有限公司和北京航空航天大学将碳纳米管涂层纤维和还原氧化石墨烯涂层纤维两种碳纳米传感元件制成具有自传感特性的复合材料（见图 8-19），并对其传感性能和机理进行了测试，发现前者适用于材料的力学状态识别与长期监测，后者则对结构损伤的早期预警更有价值。总的来讲，目前国内的研究成果主要处于实验论证阶段，亟须进一步提升相关技术成熟度，将健康监测技术应用于实际服役复合材料结构中。

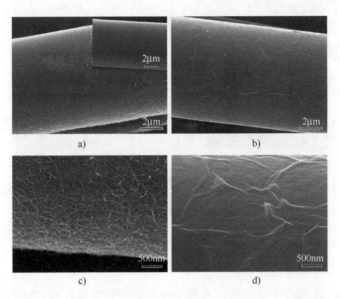

图 8-19　碳纳米管涂层纤维和还原氧化石墨烯涂层纤维
a）、c）碳纳米管涂层纤维　b）、d）还原氧化石墨烯涂层纤维

5. 复合材料构件的性能评价

中航复合材料有限责任公司针对十余年来航空复合材料中无损检测与评估的新的研究进展与应用进行了总结，提出智能检测与评估将会成为未来的技术发展方向。北京航空材料研究院通过对人工缺陷样件进行设计和试验，发现闪光灯激励的红外热成像检测技术目前可以检测出玻璃纤维蒙皮内部埋深 2mm、直径 6mm 和直径 10mm 的分层缺陷。西安交通大学航空航天学院机械结构强度与振动实验室针对 GFRP 复合材料遭受外力后出现材料减薄损伤问题，用微波定量检测技术实现了对 GFRP 复合材料局部减薄缺陷的识别。南京玻璃纤维研究设计院有限公司针对航空领域使用的碳纤维复合材料的典型分层和孔隙缺陷，利用相控阵超声及微纳米 CT 技术，给出了检测参数及缺陷定位、定量、定性的

检测结果，为复合材料构件的质量评价提供了依据。南昌航空大学无损检测技术实验室针对复合材料存在的孔隙微缺陷，提出了一种复合材料孔隙率超声多参量评价方法。上海交通大学机械与动力工程学院提出了一种三维的体积分层因子，用于评价 CFRP 复合材料内部的分层缺陷。南京航空航天大学机械力学与结构重点实验室结合疲劳拉伸试验与激光超声检测系统，测量在不同的疲劳状态下对应的 Lamb 波在 GFRP 复合材料层合板中的传播速度，针对三种主要的层合板损伤形式，即分层、基体裂纹和纤维断裂，提出了一种刚度退化模型，实现了复合材料剩余疲劳寿命精准预测，如图 8-20 所示。同时，考虑了不确定因素的影响，利用多种人工智能方法，分别建立了剩余寿命的贝叶斯概率推断模型、神经网络模型、深度学习模型等。

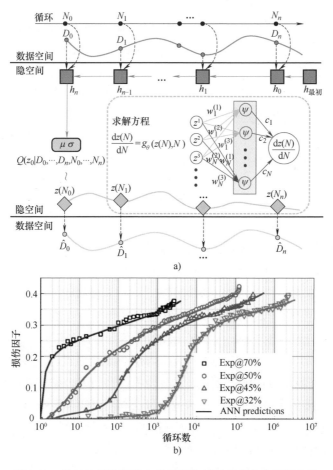

图 8-20　基于神经偏微分方程的复合材料疲劳寿命预测方法

a）预测原理　b）预测结果

8.3.3　国内外技术差距

在复合材料高精度检测方面，国外以 X 射线计算机断层扫描成像为主，该技术设备成本高昂、实验环境苛刻，但其成像精度高，可视化效果优异，十分适合研究损伤形成过程及演变机理。我国在 CT 基础理论和关键技术研究、器件研制和设备研发方面有了长足发展。在基础研究方面，我国与发达国家的差距在快速缩小，在 CT 数据预处理、图像重建、图像应用等方面处于国际前沿水平。我国自主研发的工业 CT 设备部分满足了国防和民用无损检测急需；在 CT 射线源、探测器等核心部件的研制方面有了较大进展，我国显微 CT 研制也进入了国际先进行列。但是，国内 CT 整体技术水平与发达国家还有显著差距，关键器件依赖进口成为高精度检测研发的主要瓶颈。

在大尺寸高效检测方面，对大型复合材料构件的快速自动检测，波音、空客等飞机制造商目前普遍采用大型超声 C 扫描技术；波音已将相控阵超声技术用于复杂型面构件的快速检测，可以实现构件特殊部位的全覆盖扫描；洛克希德·马丁和空客公司已采用先进的激光超声系统对大型复杂型面部件进行快速、自动检测；达索公司将激光超声系统用于在役飞机的现（外）场检测。在我国，超声 C 扫描、水浸及超声相控阵技术已广泛用于飞机复合材料构件的无损检测，但对激光超声等新型检测技术的应用相对国外较为滞后，大量高性能设备来自国外大型公司，如美国 NASA Test Director、美国 PAC、FLUKE 公司、Raytek 公司，日本的 TOSHIBA 公司、德国的 DANTEC DYNA-MICS GmbH 公司等，检测装置的关键设备，如单脉冲能量更高、重复频率更高的激励激光器及高精度激光超声用测量仪等，有待进一步研究与开发。

在复合材料构件服役过程监测方面，由于国外在健康监测方面起步较早，因而复合材料健康监测技术的成熟度相对更高。国外研究机构基于前期大量基础研究和工程经验，已在飞行器复合材料的日常安全维护中使用健康监测技术。从 1998 年 NASA 利用光纤光栅传感器监测可重复运载器低温储箱状态开始，洛克希德·马丁、波音及空客等公司就在服役飞行器中安装健康监测系统并进行了多次装机测试，获得了大量工程经验。在商用产品层面，国外也有一些技术公司将其健康监测技术整合成产品，并初步有了一些市场。而国内对复合材料健康监测技术的研究主要仍处于实验论证阶段，对实际服役结构的装机测试较少，技术成熟度亟待提升。

在复合材料构件的性能评价方面，国内外研究人员正同步开展一系列的研究，受限于检测方式及复合材料本身的非均质和各向异性等特征，对复合材料构件服役过程中的损伤机理研究还不够全面，对复合材料力学性能及疲劳寿命等质量评价特征的研究精度和稳定性还不够高，对于大尺寸大曲面等复杂复合材料结构的质量评价方法研究还比较局限，在复杂环境下对复合材料物理性能和力学性能方面的研究还有待完善。

8.3.4　未来发展趋势

在复合材料高精度检测方面，阐明微观损伤演化过程和结构失效机理的重要性逐渐增长，因此如何检测微观损伤、定量评价微观损伤都是无损检测技术未来的发展方向，直观地观察微观缺陷形式、大小及其演变的过程，以及将微小裂纹进行三维模型重建，也是复合材料高分辨率无损检测需要研究的焦点。X 射线 CT 技术实现的困难主要在于图像处理技术的应用和成本较高，因此合理简化设备要求，满足工作要求和成本的平衡也是未来研究的方向。

在大尺寸高效检测方面，航空航天领域中的构件常具有结构复杂、材料特殊和升级更新快等特点，对相应的无损检测技术和设备提出了更高的要求，未来先进超声检测技术将向着自动化、智能化、小型化和工程化发展。为了适应飞机服役阶段的检测现场，将检测设备的各组件高度集成化、小型化，机器人技术和其他自动化设备成本较低，使用灵活，将取代目前成本较高、占地面积较大的固定检测系统。通过开发和利用自动化缺陷分析和人工智能，可迅速扫描构件区域，对疑似缺陷区域进行重点精确扫查。多种无损检测技术的结合，建立具有多维特征的快速可视化手段，结合现代网络化管理与智能控制系统，实现构件的快速、智能化、自动化检测。

在复合材料构件制造过程检测方面，对复合材料固化成形过程的实时监测是决定复合材料构件高性能和实现自动化生产的基础，复合材料制造业非常重视各种结构健康监测技术在复合材料成形制造中的应用，复合材料固化工艺参数的全方位监测在于实现多种传感技术的集成融合，克服单一传感技术的不足，同时伴随着材料科学、制造工艺、微纳电子及信息科学等技术迅猛发展，集传感、通信、驱动、计算为一体的多功能传感系统是今后发展的重点，这将为复合材料固化成形过程的实时监测和主动控制优化的有机结合提供契机，为复合材料智能制造提供技术支持。在复合材料固化成形过程中，光纤方法、超声方法、电学方法和热学方法可实现有效监测，但也存在局限性。总体而言，光纤和超声方法具有重要发展潜力，适于全生命周期监测，但目前大多还都停留在实验室阶段，无法开展商业运用。随着研究的深入，这些新技术将为复合材料构件实现大型化、智能化、集成化奠定基础。监测方法从线性向非线性，从低频向高频发展，数据处理方法向智能化发展，诊断结果从定性向定量发展。

在复合材料构件服役过程的监测方面，由于结构复杂性与载荷条件复杂性等因素，现有技术距离航空航天型号实际需求仍有较大差距，复合材料构件服役过程中的实时健康监测技术亟须进一步发展。其主要趋势包括建立完整成熟的复合材料健康监测体系；发展多物理场综合检测与多源信息有效融合技术；实现传感器微型化与传感网络大型化，研究传感器网络先进集成方法；完善先进的损伤识别与评估算法；研究损伤识别环境补偿技术，以应对服役过程中复杂环境；发展服役结构损伤自诊断与寿命预测技术。

在复合材料构件性能评价方面，复合材料因其优异的力学性能在未来将拥有广阔的发展前景，随着对复合材料的要求越来越高，对复合材料质量评价的要求也需要与时俱进。掌握复合材料在复杂环境下的损伤机理，包括多种损伤形式共同作用下的复合材料力学性能的变化是进行质量评价的基石。在先进无损检测方法的助力下，结合人工智能技术，考虑复杂环境、复杂结构下的应用，提高复合材料物理性能和力学性能识别的精度和全面性，实现更加高效准确智能的复合材料质量评价将是未来的主要发展趋势。

8.4　面向 2035 的复合材料构件检测、监测关键技术及装备

8.4.1　轻量化高可靠性健康监测技术

复合材料构件在服役过程中不仅要承受长期而复杂的疲劳载荷和意外冲击载荷，还可能需要承受温度、湿度等严苛的外部环境因素的考验，导致复合材料构件的性能发生变化或被破坏。因此，及时监测并发现复合材料结构损伤，对避免造成突发性破坏与结构失效具有重要意义。当前较为成熟的几种重要结构健康监测方法，如光纤传感监测法、压电传感器超声导波法等，不能用于所有结构的健康检测，因此亟须开展组合传感方法和监测策略的研究，利用分布式光纤、压电、热电偶等传感器组网，监测热防护结构的应变场、导波场、温度场等物理场，并基于大数据人工智能评估算法获得各个结构组件的综合健康状况，最终实现整体系统结构组件的视情维护，提高热防护结构的重复使用效率，降低系统的维护成本。

除多源数据的解耦与分析及提高系统在复杂恶劣环境中损伤监测的准确性等挑战，还亟须研发出灵敏度高的微型传感器。由于分布式传感器网络需要大量的线缆传输信号，增加了整个结构系统的重量，所以传感器网络线路需满足轻量化指标要求，并具有可靠性高、易于维护等特点。大型传感网络的构建及

其与复合材料构件的有机集成是将健康监测技术应用于复合材料结构的一个重点和难点，而先进的传感器嵌入技术、传感器布置优化策略及布线技术正是解决该问题的关键。此外，先进的损伤识别算法应能够补偿复杂的环境与载荷条件，实现损伤位置与损伤程度的精准量化。

8.4.2　高精度复合材料三维重建技术

近年来，针对复合材料构件多层面、跨尺度质量特性的智能检测有一定研究，利用图像检测技术可以实现对产品表层特性的检测，但智能检测在几何精度和使用性能方面有着极高的要求，特别是对于自由曲面和较大断面尺寸等复杂构件。如何正确进行三维测量工作，以及在造型设计中进行复杂构件的三维检测和质量控制，一直是智能制造行业面临的重要难题。近年来，三维光学测量技术不断完善，为推进复杂构件的精密加工提供了一条重要的途径，可以实现对图形的精准测量和质量控制。三维光学测量的特点是非接触式的，具有精密加工快速检测的优势，但在运行的过程中，通常会出现测量点数据较大、测量点噪声和层叠、测量点面积和密度不均匀、测量点——设计模型的初始位姿任意等一系列问题，需要进一步推动三维数字化检测技术的研究和发展。

精密加工中，复合材料的三维重建技术以点云数据为重要基础，通过 CAD 模型和云技术的坐标配准来进行数据测试。在零件的实际生产和加工过程中，如何利用高效的检测方式对工件的弯折误差进行测试和分析，是一个值得研究的问题。其中，利用构件几何特征进行定位具有重要作用，利用这些特征作为依据，并与 CAD 数字模型进行特征匹配，可以提高匹配的精确度和效率，从而提高最终检测结果的准确性。将制作过程的几何特征与三维检测相结合，是解决实际检测问题的迫切需求。因此，开发基于精确定位制造过程几何特征的机械零部件智能化检测系统至关重要。

8.5　面向 2035 的复合材料构件检测、监测及评价发展目标与技术路线图

8.5.1　发展目标

在高精度复合材料构件检测技术方面，到 2025 年左右，实现纤维量级损伤的检测与定位技术的突破，在缺陷定位、描述算法上取得突破。到 2030 年左右，使用 CT 技术实现缺陷附近三维重构，研究损伤演变机理，将损伤过程使用图像、视

频的形式展示并以此助力复合材料精确制造；到 2035 年左右，高分辨率复合材料构件无损检测技术在计算效率和使用成本上取得突破，解决 CT 技术高昂的计算成本和复杂的检测环境成本问题，可以大规模地使用高分辨率的复合材料构件无损检测技术，为中国复合材料构件制造和重要零部件制备提供强有力的帮助。

在大型复合材料构件检测技术方面，到 2025 年左右，在提升现有无损检测技术可检尺寸、检测速度的同时，探索能够用于各种新型复合材料构件的缺陷检测、表征的新方法、新技术。到 2030 年左右，实现多种无损检测技术的结合，建立具有多维特征的快速可视化检测手段，实现检测设备的集成化和小型化，提高大型复合材料结构内部缺陷检测的可检性与可靠性。到 2035 年左右，结合智能控制系统，实现智能化、自动化的无损检测新方法、新装备，与未来复合材料构件智能制造和全生命设计进行无缝对接。

在复合材料构件制造过程检测技术方面，到 2025 年左右，实现多种传感器技术的集成融合应用，传感器向小型化、智能化、集成化、网络化和分布式发展，监测范围从点到面。将各种光、电、热传感器通过表面粘接或嵌入方法集成为一体，对固化成形过程中的不同物理量进行监测。到 2030 年左右，固化成形过程注重监测与主动控制相结合，随着材料科学、制造工艺、微纳电子及信息科学等技术的迅猛发展，探究能集传感、驱动、通信和计算为一体的多功能传感系统，有望实现复合材料构件智能制造。到 2035 年左右，固化成形过程监测向全生命周期监测发展，复合材料构件全生命周期监测是利用复合材料构件制造过程中集成在内部的传感器，不仅监测固化特性，保障成品质量，并且能结合传感网络获得的所有信息，准确地评估其全生命周期中的内部状态。

在复合材料构件服役过程健康监测技术方面，到 2025 年左右，在开发新技术的同时，提升现有潜力较大的结构健康监测方法的技术成熟度，研究并完善复杂环境下针对简单结构的损伤定位与定量算法。到 2030 年左右，实现大型微传感器网络与复合材料结构的高质量集成，完成健康监测系统在简单复合材料工程结构中的测试工作，同时考虑实际结构服役中的环境因素，增强系统模糊识别能力并减少误判。到 2035 年左右，通过模型优化与算法改进，实现在较为复杂复合材料结构中的结构健康监测，发展多物理场综合检测技术，通过多源传感信息的有效融合，结合先进的大数据处理方法，实现实际复合材料工程结构的损伤自诊断及寿命预测，规避结构失效的风险并大幅度提升使用复合材料的经济效益。

在复合材料构件性能综合评价技术方面，到 2025 年左右，实现高性能材料的研发，完成高性能纤维制造的复合材料构件的损伤机理及力学性能评价的研究。到 2030 年左右，实现多检测方式相融合，对大尺寸、大曲面等复杂复合材料构件的研究，同时结合先进的人工智能技术，对复合材料损伤机理进行更加准确全面的研究，提高复杂复合材料构件质量评价的精度、稳定性及效率。到2035年左右，实现产学研质量评价自动化、一体化，实现复合材料构件生产、实验室研究、工程应用的一体化，将实验室研究中关于复杂结构，多环境、多检测方式下的复合材料质量评价运用到工程应用中，助力航空航天、轨道交通等产业的进一步发展和突破，实现绿色制造、智能制造和高端装备的制造等。

8.5.2　技术路线图（见图 8-21）

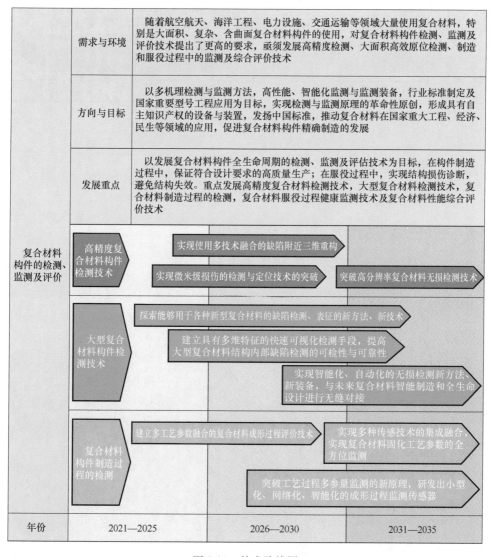

图 8-21　技术路线图

151

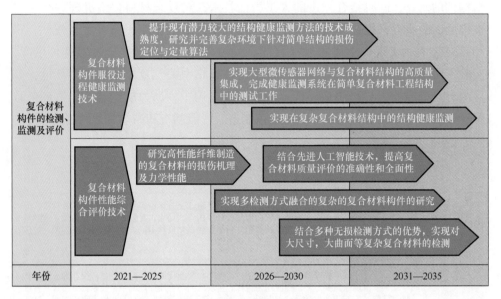

图 8-21   技术路线图（续）

第 **9** 章

复合材料构件修复技术与装备

9.1 技术内涵概述

随着复合材料应用范围和应用量的日益增大,其在生产和服役过程中不可避免地会产生各种形式的缺陷和损伤,从而带来巨大的修复需求。复合材料构件修复是将损伤的复合材料构件恢复到所需要的能力,即恢复其强度、刚度、功能特性、安全性、服役寿命及外观。复合材料构件修复一般包括四个基本过程,即损伤检测与评估、修复设计、修复工艺、修复验证与评估。2015 年,全球的复合材料构件修复市场规模为 94.4 亿美元,随着波音 787 飞机及空客 A350 飞机上复合材料用量爆发式增长,在未来 10 年内,中国、美国、印度、德国、西班牙均制定计划,重点发展复合材料构件修复。随着复合材料应用范围的扩大,复合材料构件修复市场以每年 7% 的速度增长。

复合材料构件修复一直是复合材料专业领域中重要的环节,由于处于产业链的最末端,前期受到的关注较少。由于复合材料成本较高,并且应用范围已经逐渐从非承力结构推广到主承力结构,如果出现损伤而采用换件修复的方式,则维护成本太高,如果不处理,则会对结构安全性能造成威胁。目前,复合材料构件修复主要集中于航空航天、风电及豪华汽车等领域,其他领域修复保障较少。复合材料构件修复与复合材料构件制造的区别在于采用机械连接或胶接的方式对损伤区域进行修复时,无论是紧固件还是胶黏剂,其与原损伤基材的连接都存在一定的界面,由于复合材料各向异性的特点,修复后载荷传递路径变得更加复杂。复合材料构件修复过程中,需要对无损检测、损伤的快速评估、损伤的精确去除、自动化钻孔振动对精度、功能/承载一体化修复等流程的影响进行详细研究,分析损伤扩展机理和抑制方法,并建立修复后结构验证标准。

目前，国内复合材料构件修复研究起步晚，对于复合材料基本性能数据、修复适用性研究较少，尚未搭建完整的复合材料构件修复容限，复合材料构件修复标准体系不健全，极大限制了复合材料的使用，这也是复合材料构件修复面临的重大挑战。

如图 9-1 所示，针对复合材料构件修复，亟须解决国产复合材料构件修复容限和结构修复手册欠缺、复合材料构件修复方法适用性研究不深入等问题，突破损伤状态下自动化机械加工对损伤扩展影响机理、自动化无损检测与自动化修复联动技术、金属结构广布损伤复合材料胶接贴补修复界面提升技术、功能/承载一体化复合材料综合性能恢复技术，通过修复材料体系开发、损伤评估软

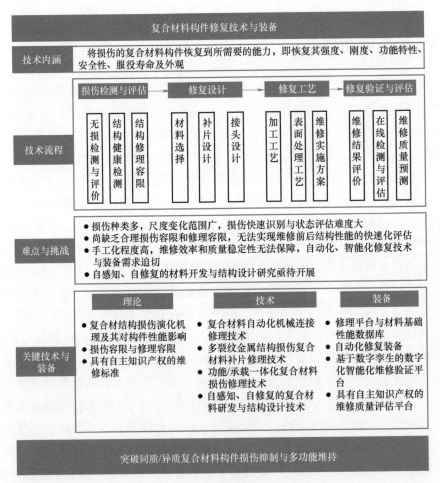

图 9-1 复合材料构件修复技术与装备

件研发、国产修复设备研制、修复标准制定等手段，不断提高复合材料构件修复能力，提升复合材料构件维护水平，促进复合材料构件精确制造发展。

9.2　重大工程需求分析

基于产品的成本及修复的经济性，目前复合材料构件修复主要集中于航空航天、轨道交通、风电及豪华汽车领域，其中航空领域和风电领域是目前最大的应用市场。由于国内航空装备服役周期的不断延长，航空装备老龄化现象更加明显，航空装备金属结构易出现广布损伤，采用常规的金属加强技术进行修复可能无法完全实现性能恢复，国外针对此问题已成功采用复合材料补片进行胶接修复。澳大利亚航空研究所与波音飞机公司在共同研发波音 747 机型过程中，在其中部分重要部位采用了复合材料修复，通过对不同修补材料及修补工艺进行研究，主要采用预浸料及胶膜共固化方式进行复合材料构件修复，在完成修复后，能够使飞机的飞行时长达到 6843h。另外，鉴于不同复合材料构件修复场景和需求的不同，其采用的修复技术也不同，如在修复厂内和外部环境中进行修复，修复用装备不一致，其对修复后性能恢复要求也不同。考虑复合材料构件实际应用情况，未来复合材料构件修复技术应用领域或型号如下。

在民用航空领域，截至目前，国产大飞机尚无完整的结构修复手册，尤其是复合材料结构修复。结合国产大飞机复合材料结构特点和设计要求，在充分分析复合材料构件损伤规律的基础上，亟须制定合理的损伤容限和修复容限，建立复合材料构件修复适用性规范，最终形成完整的复合材料构件修复手册，真正指导后续国产大飞机的修复，如图 9-2 所示。

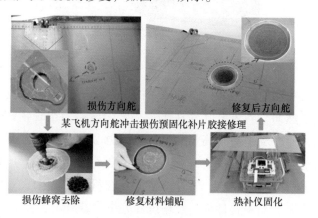

图 9-2　某飞机方向舵的修复

在军用航空航天领域，老龄化飞机在疲劳裂纹和腐蚀损伤的影响下，许多飞机机体结构都失去了其应用功能，从而给航空安全造成极大影响，带来更多隐患。现阶段大多飞机内部主体结构中金属材料应用较多，而随着服役时间的延长，特别是当设计、制造和环境保护不满足实际用途时，老龄化飞机产生的广布损伤（即在多路传力结构中出现很多细小裂纹）的概率明显增加，从而导致传力路径破坏，使得结构剩余强度下降。为能够维持飞机的结构完整性，需要运用各种修复技术来进行损伤修复。传统的基于机械紧固的金属加强件修复技术，由于金属疲劳及特殊区域修复困难等原因无法完全保障修复需求。利用复合材料对老旧飞机的金属结构修复是在损伤处进行胶接修复，以减少其裂纹处的应力，能够有效避免裂纹继续向外扩散，从而达到保持原有结构承力特征的目的，如图 9-3 所示。利用复合材料来进行金属裂纹修复主要有下列几个优势：修复后飞机结构增重少；原有结构中不用开孔，同时也无需要再形成新的应力集中源，使飞机无须遭受二次损伤；复合材料具备一定的可设计性和耐蚀性，所以能够应用于多种修复技术之中，具备一定的发展潜力。

图 9-3　复合材料修复金属裂纹

此外，风电叶片是复合材料用量最大的领域之一，中国风电市场占全球份额的 40%以上。然而，当风电叶片在服役一定阶段后会出现损伤，如果采用报废换新的方式，处理成本非常高昂，可以采用修复的方式保障其使用寿命，但风电叶片不断地向大型化发展，并且基本上要进行原位修复，所以对损伤检测和修复工艺提出了更高的要求。通过严格的复合材料"积木式"验证法则（见图 9-4），在大量复合材料构件损伤数据统计分析的基础上，针对具体结构形式，设计损伤试验件和修复试验件，开展性能测试，分析材料微观结构演化与宏观力学性能的内在关联模型，指导风电叶片的修复。

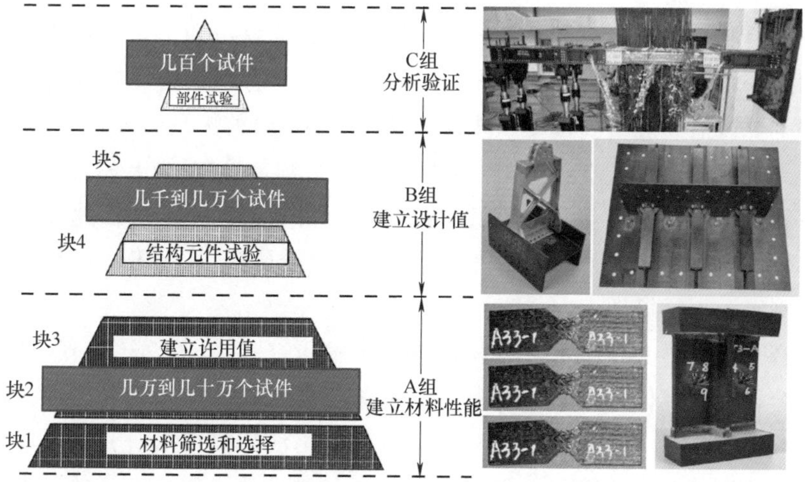

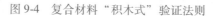

图 9-4　复合材料"积木式"验证法则

9.3　复合材料构件修复研究及发展现状

复合材料构件修复主要集中于航空航天产品，尤其是民用航空领域和军用航空装备。航空装备的常见损伤包括表面损伤（划伤、凹坑、刻槽、掉块）、分层、脱黏、冲击损伤、雷击、热损伤等，一旦出现上述情况，必然会对航空装备服役的安全性造成影响，影响航线运营或战备。美国 NASA 针对复合材料应用问题进行调查研究发现，修复是影响复合材料应用范围的重要因素，包括修复材料、修复技术、修复装备等。复合材料构件修复流程包括复合材料构件损伤检测→损伤评估→损伤修复→修复后质量验证。其中，损伤检测主要集中于采用新型无损检测技术实现复合材料构件损伤的快速定位和识别；损伤评估是采用半解析模型/仿真模型对复合材料构件损伤造成的性能变化，以及采用的修复方案的修复效果进行评估；损伤修复指的是采用合理的修复工艺对复合材料构件进行修复；修复后质量验证包括修复后综合性能的评估。

9.3.1　国外发展现状

1. 复合材料修复理论与技术

国外大约从 20 世纪 80 年代初开始研究复合材料结构的修复问题，以波音和空客为首的飞机制造商（OEM）在 20 世纪 80 年代中期就在正式的设计文件和使用维护手册中制定了详细的复合材料结构修复方案，并且针对各机型制定了结构修复手册，基本解决了修复方法及相关的修复材料和工艺等具体问题，系列化的成套修复设备也已经大量推广。国外开展复合材料构件修复研究和应用的单位主要包括飞机制造商（如波音、空客、洛克希德·马丁等）、航空装备修复企业（如德国汉莎航空、英国吉凯恩公司、法航），以及为上述企业提供专业化设备和技术的下游单位，各方共同推进复合材料修复技术的快速发展，并且上述单位共同组织成立了商用飞机复合材料修复委员会（CACRC），致力于相关标准化制定及人员培训。

波音公司较早就开展了复合材料修复技术研究，并且形成了一整套较为完善的复合材料研究体系和特有的复合材料修复技术。在无损检测方面，除了常规的无损检测技术，波音公司还开展了激光超声波扫描技术研究，可集成来自固定无损检测传感器的数据（位于试样上）和激光超声扫描试样的数据，以便在机械应力试验期间实时监测和跟踪试样中的损伤和应力指示。波音的复合材料修复软件（CRAS）可以通过演算法得出最佳的修补参数。同时，波音公司还开发了"快速复合材料修复包（QCR）"，可实现复合材料结构小损伤快速修复。

2. 复合材料修复装备

空客公司在航空复合材料修复装备方向进行了大量的研究，如采用新型热成像技术并与机器人相结合，集成开发了复合材料自动化检测机器人（见图 9-5），可实现原位状态下复合材料构件的无损检测。通过集成，空客将无损检测、损伤去除和损伤修复整合成一个流程，包括光学相机进行三维扫描获取修复区域三维数模，采用超声相控阵技术确定损伤位置和大小，结果传递给设计部门，

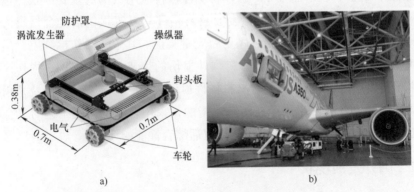

图 9-5 机器人在空客 A350 上测试

a）机器人 b）空客 A350

设计部门通过软件控制 CNC 去除损伤区域的复合材料，并根据修复实际需要，对贴补片采用 CNC 进行修型，最终实现胶接修复。

洛克希德·马丁公司作为先进军机生产商，在复合材料修复方面也有深入的研究，如在 F-22 复合材料进气道、JSF 机翼传力结构等部件检测中运用了 Laser-UT 激光超声检测系统，检测效率大幅度提高，同时激光检测系统可对飞机引擎和机翼进行质量评估。洛克希德·马丁公司还针对战伤实际需求开发了相应的工具和设备，如真空模修复系统（VMRS），该系统是一个可重复使用的模具，可在 10min 内快速获取损伤区域外形。

航空装备修复企业一直都是航空装备复合材料结构修复技术发展的主要力量，德国汉莎航空（LHT）通过复合材料适应性检查和修复计划（CAIRE）研发了一种复合材料斜接修复机器人，通过专门开发的软件扫描和无损检测，采用吸盘吸附在机体上（见图 9-6），CAIRE 机器人扫描确定损坏的位置后，计算出切割接头的形状和铣削路径并将损伤区域去除，修复工程师将修复补片切割成合适的尺寸，并将其插入机器人创建的三维斜接面，从而进行黏合和固化。

图 9-6　复合材料斜接修复机器人

英国吉凯恩航空航天公司与激光表面处理系统开发商 SLCR 公司，从 2009 年起开始共同研发复合材料激光精确去除系统，实现了复合材料激光烧蚀去除，如图 9-7 所示。波音公司于 2011 年加入该项目，将波音公司目前正在使用的复合材料纳入研究。该研究制备了基于 250W TEA 二氧化碳激光器的原型激光处理单元，激光烧蚀直径达到 200mm，SLCR 公司目前已经推出该产品。Heatcon 公司结合复合材料修复特点，开发了系列的修复工具包、热补仪、热风机、便携式磷酸阳极化设备、移动修复罐和双真空设备（DVD）等。

图 9-7　复合材料激光精确去除系统

此外，各配套单位也在开发复合材料结构修复的专业化设备，如 2019 年 4 月，FLEXIV 公司在德国的"2019 汉诺威工业展"上正式推出自适应机械臂 Rizon，它具备 7 个自由度，每个关节都搭载独有创新性的力传感技术，通过高响应的复合力控技术，配合先进的整机复合力控算法，与传统机器人相比，其"力感知"和"力控性能"有量级上的提升，可实现复杂曲面复合材料结构的快速打磨和去除。

9.3.2　国内发展现状

1. 复合材料修复理论与技术

国内对复合材料修复理论与技术的研究始于 20 世纪 90 年代，随着国内复合材料应用领域的拓展，修复技术得以发展，目前在民用航空装备复合材料修复及军用装备复合材料修复方面均取得了一定的进展，其中民用航空修复企业已经完成了多项技术难度较高的航空装备复合材料修复，军用航空装备修复企业也实现了复合材料承力结构损伤的批量修复。在无损检测技术、复合材料损伤评估、复合材料修复工艺等方面具备了完成复合材料结构损伤修复的能力，有效地支撑了我国航空装备的稳步发展。

国内飞机制造商，包括商飞、沈飞、成飞、西飞等单位都积极开展了复合材料修复方向的研究和实际应用，其中的修复主要集中于复合材料制造过程和初期维护过程，损伤类型单一，损伤尺寸较小，相应的复合材料修复研究较为基础。随着国产商用大飞机的研制成功，为了编制结构修复手册，商飞开展了大量的复合材料修复工艺和修复后质量验证技术研究，包括材料级、元件级、组件级和部件级研究，掌握了机械连接修复和胶接修复工艺，目前上述工作仍在进一步进行中。

由于对复合材料修复研究起步较晚，并且复合材料修复综合性要求较高、专业性强，因此国内前期研究较多的为高校和研究所，主要开展的工作包括新型无损检测技术研究、修复方法对不同结构形式复合材料适用性研究、损伤和修复模型的搭建等，为国内复合材料修复研究提供了理论依据。

2. 复合材料修复装备研发

以北京飞机修复工程有限公司、广州飞机修复工程有限公司、厦门太古飞机工程有限公司、各航空公司修复部门等为代表的国内民用航空装备修复企业，为了保障波音飞机和空客飞机航班的顺利飞行，在国外飞机制造商的帮助下，建立了相对完整的复合材料修复体系，修复工艺水平较高，并且实现了相关飞机复合材料结构的批量修复，多次举办了复合材料修复培训，对国内复合材料修复能力提升起到了至关重要的作用。

为了满足国内军机战训需求，国内军机修复企业在设计所的帮助下，成功搭建了复合材料修复平台，形成了从无损检测、损伤评估到修复实施，以及修复后质量验证的复合材料全生命周期修复体系，系统掌握了机械连接修复、胶接修复等一系列复合材料修复工艺，批量完成了复合材料结构损伤修复，积累了丰富的复合材料修复经验，有力保障了国内军机战训，成为国内复合材料修复领域重要的组成部分。

9.3.3　国内外技术差距

随着复合材料应用数量的增加和应用范围的扩大，对复合材料修复的重视程度将会越来越高。相对于国外复合材料修复研究的成熟性，国内复合材料研究起步晚、积累少、系统性不强、体系不够完善，差距主要体现在以下几个方面。

1. 基础性能数据少、标准缺失

目前，国内对民用和军用航空装备上应用的复合材料的基础性能尚未进行规范化测试，尚未制定有效的试验计划，搭建合理的试验矩阵、规范取样流程、标准化验证方法，尤其是通过缺陷和损伤设计后，材料性能数据的统计、处理和归类并未系统地展开，导致在开展后续复合材料损伤评估和修复结构设计时，缺少置信度高的数据，无法有效开展复合材料修复容限的制定。

此外，目前国内尚无一整套具体机型的复合材料结构修复手册，无法指导国内机型的复合材料修复。国外从 1991 年就成立了 CACRC，旨在建立复合材料修复认证标准，通过飞机制造商与修复行业成员的紧密合作，实现知识产权和信息的高度共享，实现对复合材料修复培训教材和修复流程的标准化。国内缺乏统一进行复合材料修复方面工作的机构，同时相应的复合材料修复国家标准只有一项，复合材料修复行业标准数量也长时间处于较低水平。

2. 缺少具有自主知识产权的修复质量评估软件平台、修复自动化水平低

目前，国内正在使用的各类复合材料性能分析的仿真软件均为国外产品，如 ABAQUS、ANSYS、Fibersim 等。同时，国内对复合材料损伤萌生、损伤扩展、修补结构与原结构的界面效应及修复结构失效原则等的前期研究仍然局限于部分结构和材料体系，未进行系统的、全面的研究，无法建立通用性的准则等指导性文件。在以解析模型为基础的评估软件搭建方面，国内建立了一定的修补方法（半解析法），但相关的软件非常复杂，难以推广。同时，国内尚无像波音公司 CRAS 那样的复合材料修复专用设计软件，在损伤评估和修复设计方面落后明显。

国内在修复专用装备方面与国外的差距非常明显。目前，国内使用的最常规的复合材料胶接修复用热补仪、热风机、打磨工具包等工具和设备均为国外品牌，国内没有一家专业开展复合材料修复装备开发的单位。同时，在复合材料无损检测和修复方面，目前国外已经发展到以自动化无损检测、自动化三维数模建立、自动化损伤寻迹、自动化机械连接修复、自动化损伤去除等为主的系列化复合材料自动化修复体系，而国内在此方面仅开展了部分设备的开发，如中航复合材料有限责任公司开发的自动化无损检测设备，而针对损伤的自动化机械加工及修复设备研发仍然处于起步阶段。

9.3.4 未来发展趋势

复合材料用量的激增需要相应的科学技术作为支撑，在设计准则、制造工艺等尚未完全成熟的阶段，复合材料结构的有效性和安全性依赖结构维护和修复来保护。随着新一代复合材料应用领域的不断拓展，给复合材料修复和维护提出了新的要求。

1. 快速化多功能复合材料修复技术

复合材料在航空航天、国防军工等领域的应用水平不断提升，未来复合材料修复的需求巨大，快速高效的损伤评估、修复方案设计、修复工艺制定与修复质量评估，已成为未来复合材料修复技术与装备主要研究方向之一。针对损伤区域去除耗时，通过开发高效自动化复合材料去除设备，如激光去除设备、自适应打磨设备等，加快自动化和智能化在该方向的应用，缩短损伤去除时间。开展自动化等离子喷射等表面处理设备开发，完成修复前后准备工作和后处理工作。结构功能一体化复合材料已成为现阶段及未来复合材料的主要形式。因此，当未来复合材料构件出现损伤并需要修复时，不仅要恢复结构的承载性能，还需要对结构的功能性进行恢复，需要开发高灵敏度探针以实现损伤精准检测，在开展复合材料修复的同时还需要对隐身功能进行恢复。随着光、电、磁、热等功能与结构一体化的复合材料在装备上应用的范围不断扩大，如何开展承载/功能一体化复合材料修复成为今后研究的重点方向。

2. 大型复合材料构件智能化高精准修复技术与装备

在实现损伤位置高精度定位的前提下，通过研究损伤的存在对于复合材料构件修复过程中机械加工、胶接修复时耦合影响，避免机械加工等工艺对损伤区域带来的二次破坏。研究异质修复过程中，界面性能对于修复后结构性能的影响，为后续精细化修复提供技术支撑，通过对修复流程进行详细分析，对修复流程中各影响因素进行迭代分析，实现机械连接修复和胶接修复的整个流程自动化，获得稳定、一致的复合材料构件修复质量，并在此基础上建立复合材料修复的相关标准。在此基础上，开发基于结构健康监测技术的自感知自修复复合材料，实现复合材料构件全生命周期的状态评估，实现复合材料构件修复的数字化转型，形成复合材料构件精准化修复能力。

9.4 面向 2035 的复合材料构件修复关键技术及装备

面向复合材料构件修复的技术要求，亟须形成具有自主知识产权的复合材料构件修复工艺技术标准体系，完成自动化修复装备研发和工程化应用，形成基于结构健康检测和数字孪生技术的自动化、数字化、智能化修复能力，突破复合材料自感知、自适应、自修复技术，发展新型自修复材料原理、方法与实现技术途径，大幅度降低修复维护成本和缩短修复周期。

9.4.1 基础前沿技术

1. 基于结构健康检测和数字孪生模型的复合材料修复评估技术与装备

随着各类传感器在复合材料结构中的应用，复合材料服役过程中会积累大量的数据，如何充分利用上述数据为复合材料构件健康状态进行评估，并结合损伤容限和修复容限，判断复合材料构件内部损伤及修复的必要性具有重要的现实意义。因此，应重点开展海量数据的搜集、整理、归纳技术研究，完成相关数据与复合材料构件损伤的相关性主动分析，评价损伤对构件性能的影响显著性，并根据需要自主完成损伤修复方案的制定与修复效果评价，突破大型复合材料构件修复数字孪生建模方法，构建智能修复数字孪生模型，全面推动数字化、智能化修复技术发展。现阶段，国内复合材料构件的修复多采用手工方式完成，修复效率和质量稳定性无法保障，即使应用了一定的自动化装备，也多为国外进口设备，自主可控性差。因此，研发高适应性、智能化复合材料构件修复装备，包括开发修复工具包、热补仪、热风机、便携式磷酸阳极化设备、移动修复罐和双真空设备等具有自主知识产权的复合材料构件修复装备，将有助于提高复杂结构修复的可重复性，降低外场在役修复难度，缩短修复周期，最终形成大型复杂复合材料构件自动化修复能力。

2. 自感知-自适应-自修复复合材料构件修复技术与装备

性能可设计是复合材料最为突出的优点，针对如在轨空间站等服役环境苛刻的复合材料构件，开展自感知-自适应-自修复复合材料构件的修复技术与工艺研发，是满足未来复合材料应用需求的重要保障。基于多场耦合传感网络的健康检测技术，实现复合材料构件内部损伤的精准定位与尺寸评估，基于仿生学原理、自愈涂层等技术手段，集成功能器件，设计具有自感知、自适应和自修复功能的智能结构，发展新型自修复材料的自修复原理、方法及技术实现途径，提高典型复合材料构件修复质量，缩短修复周期。复合材料构件大型化、复杂化的趋势，对间隙补偿的要求和任务将急剧增长，急需研发相应装备，以实现非均匀装配间隙补偿垫片的快速、精准、原位制造。开发基于 3D 打印的填隙介质成型装置，研究基于机械手臂的运动平台与控制方法，完成面向非均匀间隙的打印路径规划与算法研究。

9.4.2 共性技术及装备

1. 复合材料自动化机械连接修复技术

机械连接修复通常指的是螺（铆）接修复，它是复合材料构件损伤修复的重要方法，尤其在针对层压板及加筋壁板脱黏损伤、分层损伤修复时，具有操作简便、不需要冷藏和加热设备、对表面处理要求不高、施工快速、性能可靠等优点。目前，在我国民用飞机和军用飞机复合材料结构修复过程中，机械连接修复方法被广泛应用，所占比例最高。目前的机械连接修复主要依靠手工操作，手工钻铆质量不稳定，易造成钻孔缺陷、镦头不合格、工件变形及局部凹痕等缺陷，影响修复质量，带来二次损伤。为解决上述问题，国内外均考虑采用自动化的手段，包括开展集自动化无损检测、自动化损伤定位、自动化钻铆一体化末端执行器开发、自动化连接精确补偿技术等研究，国外已经攻克了部分关键技术，开发了相应的设备并应用于修复，而国内设备均针对复合材料构件制造过程，尚无专业修复用设备的开发应用。

对于自动化机械连接修复系统，首先需要解决的问题是如何对根据无损检测数据确定的损伤修复位置进行精确定位，并传递给执行钻铆的末端执行器。对于复杂型面的复合材料结构，执行无损检测与执行钻铆工序的末端执行器不同，这就需要将二者的空间位置进行校准，一般采用光学校准和物理位置校准相结合的方式，通过轨迹规划和制孔站位联动，精确定位加工起始位置。

损伤区域制孔与完好制件制孔有所区别，它不仅要解决完好制件制孔时位姿精度在线检测、智能补偿、对机械臂刚度不足造成的振动进行抑制，紧固件安装应力的一致性保持，制孔锪窝质量在线检测和纠偏等技术问题，重点还需要防止在开展制孔和铆接时损伤位置的扩展。需要通过建立仿真模型，研究振动和切削状态下的损伤扩展机理，探索铆接应力状态下，工件变形、压脚变形等对损伤的影响规律，综合上述影响，得到合理的修复工艺参数。

由于自动化修复系统涉及钻孔、锪窝、紧固件涂胶、紧固件安装、换头、铆接、去除紧固件废弃物、除尘、距离定位、法向平衡、制孔质量监控等多个环节，而对末端执行器的重量也有着严格的控制，因此如何实现末端执行器的优化设计，以满足上述复杂修复流程的综合功能实现，也是面临的挑战。

复合材料自动化机械连接修复技术是大型复杂复合材料结构损伤快速、高效修复的重要方法，也是精确修复的重要保障，可满足规模化航空装备修复需求。需要对损伤状态下加工过程中的损伤扩展机理和工艺开展进一步的研究，通过无损检测与加工起始位置的精准定位，控制加工振动，改善制孔质量。

2. 多裂纹金属结构损伤复合材料补片贴补修复技术

老龄化飞机金属结构易出现局部多处损伤（muilti-site damage，MSD）和广布疲劳损伤（wide spread fatigue damage，WFD），由于多个交互作用裂纹的累积作用使得复杂金属结构的损伤容限能力严重退化。目前，国内对于多裂纹金属结构损伤和广布疲劳损伤主要还是采用金属加强片进行加强处理。考虑老龄化飞机出现多裂纹情况频率高、数量多，采用金属加强片会造成机体结构总质量增加。国内采用复合材料修复金属结构裂纹技术已经成熟，尤其是在军机上。然而，对于多裂纹金属结构损伤复合材料补片贴补修复尚未开展研究。

相比于单裂纹损伤修复，多裂纹损伤修复不仅要考虑单个裂纹扩展造成的性能下降，还需要考虑多向裂纹扩展后融合造成的强度和刚度下降。如果采用对每个单裂纹演化情况进行单独求解，计算量大且精度不高，因此考虑裂纹扩展累加，以及降低裂纹扩展增量导致的误差增大是开展多裂纹损伤修复面临的挑战。

多裂纹的存在使得复合材料补片胶接修复时，裂纹区域局部的应力状态更加复杂，各向异性加强片的存在导致界面受力形态出现混合模式载荷，并且单裂纹修复时，复合材料加强补片形状导致的传力路径随着多裂纹尖端扩展变得预测难度更大，无法运用单一的补片形状进行规律分析，这也给修复带来挑战。

采用复合材料补片胶接贴补修复多裂纹金属结构损伤主要是通过补片抑制裂纹的扩展，提高结构的疲劳性能，从而降低老龄化飞机安全隐患，可以大幅度缩短飞机维护保障周期，降低维护保障费用，因此需要对复合材料补片的多裂纹损伤扩展机理进行详细研究，并制定针对性的措施，突破带补片结构裂纹闭合分析，基于断裂力学的胶接修复体系环境影响评估、裂纹扩展速率影响因素研究及部件级疲劳试验等关键技术，推动复合材料修复金属裂纹技术在飞机机体结构修复领域的应用。

9.4.3 卡脖子技术及装备

1. 同质/异质复合材料结构高质量修复工艺与平台

复合材料构件类型众多、损伤形式多样、尺度变化范围广，基于损伤情况，提出具有普适性复合材料结构修复方案具有现实的紧迫性。因此，应重点开展复合材料修复复合材料构件、复合材料修复金属构件的技术研究，揭示修复界面内力学行为、损伤演化机理及其对构件力学性能的影响规律；开展面向高质量修复工艺的设计方法研究，包括材料选择、补片设计和结构设计；最终，研究结论可直接指导实际复合材料修复工艺制定，形成修复标准体系，为高端装备用复合材料构件的高质量修复奠定基础。建立国产碳纤维复合材料以可靠性为中心的修复容限理论体系，建立国产复合材料基础性能数据库，集成复合材料构件修复质量高精度评估软件，完成包括高可靠性的胶接修复和混合修复、修复工艺检测与修补质量检测评估，建立成熟的复合材料修复及修复后质量验证标准体系，实现修复方案、修复工艺的快速化制定，满足快速化复合材料构件修复要求。

2. 功能/承载一体化复合材料损伤修复技术

复合材料应用范围的日益扩大对功能/承载一体化复合材料需求也越来

多，但目前国内对于功能/承载一体化复合材料的研究主要集中于制造方向，包括吸波、防雷击、耐热、阻尼、电磁等功能方向，而对于修复，其研究尚未涉及，严重制约着新一代战机的维护和寿命保障。在开展功能复合材料损伤修复时，常采用与基体材料不同的材料体系进行修复，不仅要完成承载性能的恢复，而且要完成功能性的恢复，因此需要开发新型的修复材料体系，并且对其功能性进行优化设计，实现最优修复，这些都会给功能/承载一体化复合材料修复带来挑战。在性能优化设计方面，需要研究出功能机理和新型修复材料体系；开展功能梯度设计，实现损伤情况下结构-功能-承载一体化修复，既满足复合材料结构承载性能要求，又满足功能性恢复要求，降低功能/承载一体化复合材料维护成本。

9.5　面向 2035 的复合材料构件修复发展目标与技术路线图

9.5.1　发展目标

到 2025 年左右，实现国产碳纤维复合材料以可靠性为中心的修复容限理论体系建立的目标，完成复合材料自动化机械连接修复平台搭建；研究多裂纹广布损伤疲劳载荷状态下裂纹扩展机理，搭建扩展模型，研究补片对裂纹扩展的影响规律，实现金属结构多裂纹广布损伤复合材料补片修复；揭示损伤状态对功能性能的影响规律，开发吸波修复用材料体系；完成国产碳纤维复合材料基础性能数据库建立；制定基于结构健康检测和数字孪生模型的修复工艺。

到 2030 年左右，构建损伤和服役风险演化模型，开发专用复合材料评估及修复分析软件；掌握复合材料自动化机械连接修复精确加工理论和工艺，完成末端执行器开发；掌握复合材料修复多裂纹金属结构损伤工艺；形成吸波/透波功能复合材料结构损伤修复能力；完成国产碳纤维复合材料损伤修复适用性研究；实现复合材料自动化修复平台的建设，完成多项功能/承载一体化复合材料结构损伤修复；研发有助于提高复杂修复的可重复性、便于在役修复，以及可缩短修复周转时间的新修复技术，包括高可靠性的胶接修复和混合修复、修复工艺检测与修补质量检测评估。

到 2035 年左右，建立国产碳纤维复合材料结构修复容限标准；完成复合材料无损检测与自动化修复联动综合设备开发，实现自动损伤检测和修复；完成整机多裂纹金属结构损伤修复分析，建立相应的标准；搭建国产碳纤维复合材料修复及修复后质量验证标准体系；实现国内复合材料修复平台搭建，实现成熟的复合材料修复适用性标准体系建立；开展复合材料自感知、自适应、自修复技术研究工作，发展新型自修复材料原理、方法与实现技术途径。

9.5.2 技术路线图（见图 9-8）

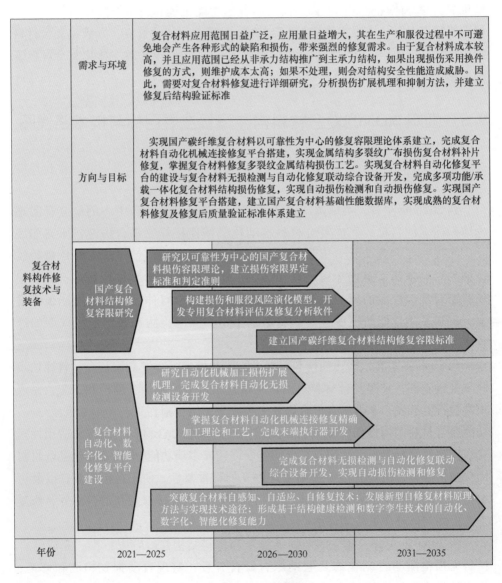

图 9-8 技术路线图

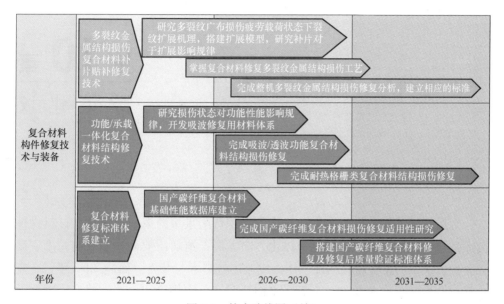

图 9-8　技术路线图（续）

第**10**章
政 策 建 议

　　为更好满足高端装备的复杂使役条件和苛刻重量约束，全球复合材料构件向大型化、整体化、结构功能一体化方向发展，迫切需要高性能、高精度、高效率、低成本的复合材料构件一体化成形制造技术与装备。面向 2035 年，在复合材料构件制造技术方向，应坚持"创新驱动、应用牵引、基础提升、融合发展"，立足国家关键领域重大工程急需，着力突破核心技术，着力夯实科研基础，推动复合材料构件制造技术高质量发展。

　　本章立足全局视角，对比评估了世界科技强国的先进技术发展历程，总结学习其先进经验，提出了加快我国复合材料精确制造技术发展的政策建议。以航空航天、国防军工、轨道交通等领域高端装备制造重大需求为牵引，组织建设复合材料构件制造技术与装备国家级实验室，设立国家科技重大专项，加强学科建设和人才培养，加强国际技术交流和合作，建立从基础研究、关键技术、装备研制、成果转化到产业化的全链条发展体系。瞄准国防科技前沿问题、关键核心技术及武器装备研制生产中的"卡脖子"问题，培育一批有影响的重大、重点科研项目，推动重大科学创新和关键技术突破，为国家重大工程和重要型号工程提供高质量科技支撑。

　　1. 组织建设纤维复合材料构件制造技术与装备国家级实验室，建设先进复合材料构件制造技术与装备创新中心

　　布局先进复合材料构件制造技术与装备国家级实验室、国家重点实验室。针对复合材料技术的国家战略需求，开展前瞻性基础研究和技术探索，引领带动复合材料学科领域发展。围绕复合材料构件的制造工艺原理、制造过程控制、固化机理、缺陷形成机理等相关基础理论展开研究，提出重大科学技术问题，承担复合材料领域国家科技项目的组织实施。针对材料结构一体化、结构功能一体化、设计制造一体化、检测预测一体化的"四化"战略目标，开展战略技术、前沿技术和关键共性技术研发,为抢占未来产业制高点提供政策和技术支撑。面向国家复合材料产业发展需求,发挥辐射带动作用,推动重大科技成果熟化,加快共性关键技术转移扩散。

组织建设先进复合材料构件制造技术与装备国家技术创新中心、国家制造业创新中心、国家工程实验室。为推动复合材料领域前沿技术的集成攻关和工程转化,快速形成核心技术体系和重大产品装备,应建设先进的复合材料构件制造技术与装备创新中心、工程实验室,开展复合材料预制体编织技术、复合材料构件增材制造技术、复合材料铺放/缠绕成形技术等核心技术的攻关和关键工艺的试验研究、重大装备样机及其关键部件的研制、高技术产业的产业化技术开发。形成具有行业领先水平、结构合理的复合材料技术创新团队,构建长效的产学研合作机制,形成应用研究成果向工程技术转化的有效渠道、提升复合材料技术创新能力的支撑平台。

2. 将复合材料构件制造技术与装备列为国际合作重点领域与项目指南

组织建设复合材料构件制造技术与装备国际合作联合实验室。国际合作联合实验室将承担复合材料构件制造技术国际前沿或重大需求科研任务,持续产出国际学术界公认的具有重大科学价值的原始创新成果。国际合作联合实验室计划吸引汇聚国际创新力量和资源,集聚世界复合材料领域一流专家学者,探索先进前沿技术领域。发挥国际科技合作在人才培养方面的作用,提高我国科技队伍的国际化水平,培养引领科学潮流、具有国际视野的学术领军人才。推动我国在纤维复合材料构件增材制造技术、复合材料预制体数字化编织技术等方向快速实现技术突破,提升复合材料构件制造技术与装备发展的国际竞争力。

设立复合材料构件制造技术与装备国际合作与交流重点项目指南。围绕复合材料技术领域的高精度、高效率、低成本的构件制造需求,国际合作与交流项目将支持科学技术人员参与国际大型科学研究计划,利用国际大型科学设施与境外合作者开展复合材料构件制造技术的国际合作研究。以先进技术方向和科研项目为牵引,吸引国外高水平研究人员来华工作,同时加强与全球优势和特色研究团队合作,实现由单纯的研究项目合作,向"项目-人才-基地"合作方式转变。充分利用全球科技资源,推动复合材料制造技术的战略型合作。

3. 设立国家重点研发计划专项或设立重点支持方向

面向世界科技前沿、面向经济主战场、面向国家重大需求,瞄准国家目标,聚焦重大需求,紧密结合航空航天、轨道交通、汽车工业等领域的重大需求,梳理出复合材料领域"卡脖子"技术清单,开展复合材料构件制造技术与装备的战略性、基础性、前瞻性重大科学问题、重大共性关键技术和产品研发,加强跨部门、跨行业、跨区域研发布局和协同创新。通过国家重点研发计划等重点专项的实施，培育一系列复合材料构件制造技术方向的核心专利，提高企业的自主创新能力。重点突破复合材料构件三维编织技术、复合材料构件增材制造技术、复合材料构件无损加工技术等关键核心技术，研制出大型构件低损伤编织装备、大尺寸增材制造装备、高精度损伤检测与成像装备等数字化制造装备，实现复合材料构件数字化制造装备的规模化应用，解决批量、快速、柔性低成本等瓶颈难题，助力国家重大战略型号和产品、关键共性技术和重大工程等国家行动和任务，为国民经济和社会发展主要领域提供持续性的支撑和引领。提升复合材料产业国际竞争力，突破带动性强的关键共性技术，对保障国家安全和增强综合国力具有重大战略意义。

4. 将复合材料构件制造技术与装备纳入国家自然科学基金重大研究计划项目和联合基金项目重点支持方向

在复合材料构件制造技术领域，设立重大研究计划基金项目指南，瞄准科学前沿，激励科学突破，提高原始创新能力。加强复合材料原创导向的资助部署和机制设计，激励储氢、超导、可变构等新概念、新构思、新方法、新工具的创造，凝练复合材料领域的重大原创性科学问题，提高国家自主创新能力，抢占科学制高点。

将复合材料构件制造技术与装备纳入国家自然科学基金重大研究计划项目和联合基金项目支持方向，围绕国家重大战略需求和重大科学前沿，构建大尺寸复合材料构件跨尺度设计理论体系，突破材料-构件-功能协调优化设计技术，探明多目标、多参数建模方法及形性精确调控机制，揭示复合材料构件宏观、微观结构变形演化规律和失效机理。设立复合材料构件制造技术与装备联合基金，发挥科学基金的导向作用，引导与整合社会资源投入复合材料基础研究，促进有关部门、企业、地区与高等学校和科学研究机构的合作，促进相关科研资源和人才在复合材料构件制造技术方向的投入，有利于构建复合材料构件精确制造基础研究发展体系和创新人才培养体系，培养出满足产业发展急需的创新型人才，提升我国复合材料基础研究的原始创新能力，这对于推动复合材料技术发展具有重要而深远的意义。

5. 加强政府对复合材料产业的政策性引导，扶持复合材料领域企业创新发展

发挥制度优势，加强政府对复合材料产业的政策性引导。加大对复合材料构件制造技术方向的资本投入，加大各级政府对相关领域基础科学、产业共性技术及"卡脖子"关键技术的项目研发投入，特别是鼓励行业领军企业加大对产品研发的投入，实现关键产品，尤其是高端产品自主保障。大幅提升高性能复合材料的自主保障能力，填补高端品种空白，满足国家军事战略安全需求。引导建立集机械、软件、电子、自动化等多学科交叉的优势技术力量，解决高端复合材料构件制造装备研制难题，研发出大尺寸、超大尺寸复合材料构件成形装备，自主建立一条国际先进水平的高质量全天候复合材料构件成形和加工生产线，构建"技术-装备-应用"三位一体的驱动模式。

重视市场机制，扶持复合材料领域企业创新发展。目前，我国高性能复合材料产业体系不够完整，高性能复合材料大规模工业化生产成套技术、工业级复合材料加工制造成套技术、配套工业基础软件等技术基础薄弱，亟须完善复合材料全产业链，提高项目管理水平，持续推进国产复合材料在重点行业与领域的工程应用；扶持一批处于初级发展阶段的中小企业，规范市场监督与竞争机制，为创新型企业，尤其是创新型中小企业的发展提供宽松的发展环境，进一步提高其创新动力，激发其创新活力。建立健全社会化的复合材料技术研发服务平台和严格的知识产权保护监督机制，为复合材料领域企业的创新研发提供社会化科技服务，促进科技与经济的有机结合。

参 考 文 献

[1] 孙晋良. 纤维新材料 [M]. 上海：上海大学出版社，2007.

[2] 杜善义. 复合材料及其结构的力学、设计、应用和评价 [M]. 哈尔滨：哈尔滨工业大学出版社，2000.

[3] 益小苏，杜善义，张立同. 复合材料手册 [M]. 北京：化学工业出版社，2009.

[4] 陈祥宝. 先进复合材料技术导论 [M]. 北京：航空工业出版社，2017.

[5] 俞建勇，胡吉勇，李毓陵. 高性能纤维制品成形技术 [M]. 北京：国防工业出版社，2017.

[6] 朱美芳，朱波，等. 纤维复合材料 [M]. 北京：中国铁道出版社，2017.

[7] 方岱宁. 轻质点阵材料力学与多功能设计 [M]. 北京：科学出版社，2009.

[8] 单忠德，刘丰. 复合材料预制体数字化三维织造成形 [M]. 北京：机械工业出版社，2019.

[9] 张凤翻，于华，张雯婷. 热固性树脂基复合材料预浸料使用手册 [M]. 北京：中国建材工业出版社，2019.

[10] 黄发荣，蹇锡高. 耐高温芳炔树脂及其复合材料 [M]. 北京：科学出版社，2020.

[11] 潘利剑. 先进复合材料成型工艺图解 [M]. 北京：化学工业出版社，2016.

[12] 汪泽霖. 树脂基复合材料成型工艺读本 [M]. 北京：化学工业出版社，2017.

[13] 洪清泉，吕长，王招. Fibersim 复合材料设计与工艺技术应用 [M]. 北京：清华大学出版社，2019.

[14] 辛志杰. 先进复合材料加工技术与实例 [M]. 北京：化学工业出版社，2016.

[15] 周文英，党智敏，丁小卫. 聚合物基导热复合材料 [M]. 北京：国防工业出版社，2017.

[16] 戴夫，卢斯，方征平. 高分子复合材料加工工程 [M]. 北京：化学工业出版社，2004.

[17] 张晓军，范士锋，李宏岩，等. 缠绕复合材料壳体低速冲击损伤与评估 [M]. 北京：国防工业出版社，2021.

[18] 陈绍杰. 复合材料设计手册 [M]. 北京：航空工业出版社，1990.

[19] 李子东，李广宇，刘志军. 实用胶粘技术 [M]. 北京：化学工业出版社，2007.

[20] 虞浩清，刘爱平. 飞机复合材料结构修复 [M]. 北京：中国民航出版社，2010.

[21] 陈绍杰. 复合材料结构修复指南 [M]. 北京：航空工业出版社，2001.

[22] 坎贝尔. 先进复合材料的制造工艺 [M]. 戴棣，朱月琴，译. 上海：上海交通大学出版社，2016.

[23] 航空制造工程手册总编委会. 航空制造工程手册：飞机装配 [M]. 2版. 北京：航空工业出版社，2001.

[24] 谢鸣九. 复合材料连接 [M]. 上海：上海交通大学出版社，2011.

[25] COMAN C D, MIHAI C D. Preload effects on failure mechanisms of hybrid metal-composite bolted joints [J]. Materials Science Forum, Trans Tech Publications Ltd, 2019, 957:

293-302.

[26] ZHANG M, SUN B, GU B. Accelerated thermal ageing of epoxy resin and 3-D carbon fiber/epoxy braided composites [J]. Composites Part A: Applied Science and Manufacturing, 2016, 85: 163-171.

[27] POCHIRAJU K V. Modeling thermo-oxidative aging and degradation of composites [M]// POCHIRAJU K V, TANDON G P, SCHOEPPNER G A. Long-Term Durability of Polymeric Matrix Composites. Boston: Springer, 2012: 383-425.

[28] MINERVINO M, GIGLIOTTI M, Lafarie-Frenot M C, et al. A coupled experimental/numerical approach for the modelling of the local mechanical behaviour of epoxy polymer materials [J]. Journal of the Mechanics and Physics of Solids, 2014, 67: 129-151.

[29] PECORA M, PANNIER Y, LAFARIE-FRENOT M C, et al. Effect of thermo-oxidation on the failure properties of an epoxy resin [J]. Polymer Testing, 2016, 52: 209-217.

[30] POCHIRAJU K V, TANDON G P, SCHOEPPNER G A. Evolution of stress and deformations in high-temperature polymer matrix composites during thermo-oxidative aging [J]. Mechanics of Time-Dependent Materials, 2008, 12 (1): 45-68.

[31] COLIN X, VERDU J. Mechanisms and kinetics of organic matrix thermal oxidation [M]// POCHJRAJU K V, TANDON G P, SCHOEPPNER. Long-Term Durability of Polymeric Matrix Composites. Boston: Springer, 2012: 311-344.

[32] GIGLIOTTI M, OLIVIER L, VU D Q, et al. Local shrinkage and stress induced by thermo-oxidation in composite materials at high temperatures [J]. Journal of the Mechanics and Physics of Solids, 2011, 59 (3): 696-712.

[33] KONICA S, SAIN T. A thermodynamically consistent chemo-mechanically coupled large deformation model for polymer oxidation [J]. Journal of the Mechanics and Physics of Solids, 2020, 137: 103858.

[34] LIU S, ZHANG J, SHI B, et al. Damage and failure mechanism of 3D carbon fiber/epoxy braided composites after thermo-oxidative ageing under transverse impact compression [J]. Composites Part B: Engineering, 2019, 161: 677-690.

[35] ZHANG M, SUN B, GU B. Experimental and numerical analyses of matrix shrinkage and compressive behavior of 3-D braided composite under thermo-oxidative ageing conditions [J]. Composite Structures, 2018, 204: 320-332.

[36] AYRANCI C, CAREY J. 2D braided composites: A review for stiffness critical applications [J]. Composite Structures, 2008, 85 (1): 43-58.

[37] LOMOV S V, PERIE G, IVANOV D S, et al. Modeling three-dimensional fabrics and three-dimensional reinforced composites: Challenges and solutions [J]. Textile Research Journal, 2011, 81 (1): 28-41.

[38] CHEN X, CHEN L, ZHANG C, et al. Three-dimensional needle-punching for composites-A re-

view [J]. Composites Part A: Applied Science and Manufacturing, 2016, 85: 12-30.

[39] BILISIK K. Multiaxis three-dimensional weaving for composites: a review [J]. Textile Research Journal, 2012, 82 (7): 725-743.

[40] BOGDANOVICH A E, Mohamed M H. Three-dimensional reinforcements for composites [J]. SAMPE Journal, 2009, 45 (6): 8-28.

[41] 陈利, 赵世博, 王心淼. 三维纺织增强材料及其在航空航天领域的应用 [J]. 纺织导报, 2018 (S1): 82-89.

[42] GUO J, WEN W, ZHANG H, et al. Representative cell modeling strategy of 2.5 D woven composites considering the randomness of weft cross-section for mechanical properties prediction [J]. Engineering Fracture Mechanics, 2020, 237: 107255.

[43] CHEN X, TAYLOR L W, TSAI L J. An overview on fabrication of three-dimensional woven textile preforms for composites [J]. Textile Research Journal, 2011, 81 (9): 932-944.

[44] 杜善义. 先进复合材料与航空航天 [J]. 复合材料学报, 2007, 24 (1): 1-12.

[45] 汪星明, 邢誉峰. 三维编织复合材料研究进展 [J]. 航空学报, 2010, 31: 914-927.

[46] BEHERA B K, DASH B P. Mechanical behavior of 3D woven composites [J]. Materials & Design, 2015, 67: 261-271.

[47] TAN P, TONG L, STEVEN G P, et al. Behavior of 3D orthogonal woven CFRP composites. Part I. Experimental investigation [J]. Composites Part A: Applied Science and Manufacturing, 2000, 31 (3): 259-271.

[48] CHEN X, TAYLOR L W, TSAI L J. An overview on fabrication of three-dimensional woven textile preforms for composites [J]. Textile Research Journal, 2011, 81 (9): 932-944.

[49] ANSAR M, XINWEI W, CHOUWEI Z. Modeling strategies of 3D woven composites: A review [J]. Composite Structures, 2011, 93 (8): 1947-1963.

[50] FUKUTA K, MIYASHITA R, SEKIGUTI J, et al. Three-dimensional fabric, and method and loom construction for the production thereof: U. S. Patent 3, 834, 424 [P]. 1974-9-10.

[51] NANDAN K, EJERT P. A device for producing integrated nonwoven three dimensional frabric: WO/1998/003712 [P]. 1996-07-23.

[52] KHOKAR N, PETERSON E. An experimental uniaxial noobing device: Construction, method of operation, and related aspects [J]. Journal of the Textile Institute, 1999, 90 (2): 225-242.

[53] O'BRIEN J R, HOLMAN JR H A, Kallmeyer A W. Composite rocket nozzle structure: U. S. Patent 4, 063, 684 [P]. 1977-12-20.

[54] MOHAMED M H, ZHANG Z H. Method of forming variable cross-sectional shaped three-dimensional fabrics: U. S. Patent 5, 085, 252 [P]. 1992-2-4.

[55] WEINBERG A. Method of shed opening of planar warp for high density three dimensional weaving: U. S. Patent 5, 449, 025 [P]. 1995-9-12.

［56］BYUN J H, Chou T W. Process-microstructure relationships of 2-step and 4-step braided composites［J］. Composites Science and Technology, 1996, 56（3）：235-251.

［57］POTLURI P, RAWAL A, Rivaldi M, et al. Geometrical modelling and control of a triaxial braiding machine for producing 3D preforms［J］. Composites Part A：Applied Science and Manufacturing, 2003, 34（6）：481-492.

［58］BYUN J H, WHITNEY T J, Du G W, et al. Analytical characterization of two-step braided composites［J］. Journal of Composite Materials, 1991, 25（12）：1599-1618.

［59］SCHREIBER F, THEELEN K, SCHULTE S E, et al. 3D-hexagonal braiding：possibilities in near-net shape preform production for lightweight and medical applications［C］//18th International Conference on Composite Materials, Jeju Island, Korea. 2011.

［60］PELSTRING R, MADAN R. Stitching to Improve Damage Tolerance of Composites［C］//International SAMPE Symposium and Exhibition, 34 th, Reno, NV. 1989：1519-1528.

［61］KING R W. Method for making 3-D structures：U. S. Patent 4, 218, 276［P］. 1980-8-19.

［62］朱建勋. 细编穿刺织物的结构特点及性能［J］. 宇航材料工艺, 1998（1）：41-43.

［63］MAISTRE M. Reinforced laminated structure：U. S. Patent 4, 328, 272［P］. 1982-5-4.

［64］胡培利, 单忠德, 刘云志, 等. 复合材料构件预制体压实致密工艺研究［J］. 机械工程学报, 2019, 55（9）：191-197.

［65］SUN Z, SHAN Z, SHAO T, et al. Numerical analysis of out-of-plane thermal conductivity of C/C composites by flexible oriented 3D weaving process considering voids and fiber volume fractions［J］. Journal of Materials Research, 2020, 35（14）：1888-1897.

［66］BASALT. Today. Optima develops the next generation weaving machines［EB/OL］. Moscow：Basalt. Today, 2019［2021-10-11］. http://basalt. today/2019/06/39289/.

［67］谢军波. 针刺预制体工艺参数建模及复合材料本构关系研究［D］. 哈尔滨：哈尔滨工业大学, 2016.

［68］PICHON T, COPERET H, FOUCAULT A, et al. Vinci upper stage engine nozzle extension development status［C］//41st AIAA/ASME/SAE/ASEE Joint Propulsion Conference & Exhibit. 2005：3757.

［69］BYRD T, KYNARD M. Progress on the J-2X upper stage engine for the ares i crew launch vehicle and the ares V cargo launch vehicle［C］//43rd AIAA/ASME/SAE/ASEE Joint Propulsion Conference & Exhibit. 2007：5832.

［70］BOURY D, GERMANI T, NERI A, et al. Ariane 5 SRM Upgrade［C］//40th AIAA/ASME/SAE/ASEE Joint Propulsion Conference and Exhibit. 2004：3894.

［71］CAVALLINI E, FAVINI B, DI G M, et al. Analysis of VEGA solid stages static firing tests towards the maiden flight［C］//48th AIAA/ASME/SAE/ASEE Joint Propulsion Conference & Exhibit. 2012：4211.

［72］OLRY P, COUPE D, LECERF B, et al. Method for producing ring-shaped fibrous structures, in particular for making parts in composite material：U. S. Patent 6, 319, 348 ［P］. 2001-11-20.

［73］JIA Y, LIAO D, CUI H, et al. Modelling the needling effect on the stress concentrations of laminated C/C composites ［J］. Materials & Design, 2016, 104：19-26.

［74］鞠永农. 浅谈国产针刺机的开发现状及发展趋势 ［J］. 产业用纺织品, 2010 (1)：19-23.

［75］ROHL C W, ROBINSON J H. Process for producing reinforced carbon and graphite bodies：U. S. Patent 3, 462, 289 ［P］. 1969-8-19.

［76］OLRY P. Process for manufacturing homogeneously needled three-dimensional structures of fibrous material：U. S. Patent 4, 790, 052 ［P］. 1988-12-13.

［77］陈小明. 异型构件预制体机器人三维针刺成形轨迹规划与针刺模拟 ［D］. 天津：天津工业大学, 2018.

［78］李东升, 翟雨农, 李小强. 飞机复合材料结构少无应力装配方法研究与应用进展 ［J］. 航空制造技术, 2017, 60 (9)：30-34.

［79］WALKER K. EASA widens AD for A380 cracks；Boeing confirms 787 shims ［EB/OL］. (2012-02-09). https://atwonline. com/delete/easa-widens-a380-cracks-ad-boeingconfirms-787-shims. html.

［80］MANOHAR K, HOGAN T, BUTTRICK J, et al. Predicting shim gaps in aircraft assembly with machine learning and sparse sensing ［J］. Journal of Manufacturing Systems, 2018, 48：87-95.

［81］YUN Y, AN L, GAO G, et al. Effect of liquid shim on the stiffness and strength of the composite-composite single lap joint ［J］. DEStech Transactions on Materials Science and Engineering, 2016 (ammme).

［82］DHÔTE J X, COMER A J, STANLEY W F, et al. Study of the effect of liquid shim on single-lap joint using 3D digital image correlation ［J］. Composite Structures, 2013, 96：216-225.

［83］CARDABA A B, LENCE F R, GOMEZ J S. Design and fabrication of the carbon fiber/epoxy A-320 horizontal tailplane ［J］. SAMPE Journal, 1990, 26 (1)：9-13.

［84］CAMPBELL F C. Manufacturing processes for advanced composites ［M］. Amsterdam：Elsevier, 2003.

［85］徐福泉, 高大伟. 复合材料结构装配过程中的制孔和连接 ［J］. 航空制造技术, 2010, 53 (17)：72-74.

［86］周松. 复合材料螺栓连接渐进损伤的实验及数值分析 ［D］. 哈尔滨：哈尔滨工程大学, 2013.

［87］LIU L, ZHANG J, CHEN K, et al. Experimental and numerical analysis of the mechanical behavior of composite-to-titanium bolted joints with liquid shim ［J］. Aerospace Science and Technology, 2016, 100 (49)：167-172.

［88］ZHAI Y, LI D, LI X, et al. An experimental study on the effect of joining interface condition on bearing response of single-lap, countersunk composite-aluminum bolted joints ［J］.

Composite Structures, 2015, 134: 190-198.

[89] COMER A J, DHÔTE J X, STANLEY W F, et al. Thermo-mechanical fatigue analysis of liquid shim in mechanically fastened hybrid joints for aerospace applications [J]. Composite Structures, 2012, 94 (7): 2181-2187.

[90] BITAR N, GUNNARSSON L. Assembly analysis-fixed leading edge for airbus A320 [J]. Linköping's University, Tekniska Hogskolan, 2010.

[91] BERTELSMEIER F, DETERT T, ÜBELHÖR T, et al. Cooperating robot force control for positioning and untwisting of thin walled components [J]. Adv Robot Autom, 2017, 6 (179): 2.

[92] GUO F, WANG Z, LIU J, et al. Locating method and motion stroke design of flexible assembly tooling for multiple aircraft components [J]. The International Journal of Advanced Manufacturing Technology, 2020, 107 (1): 549-571.

[93] LIU S C, HU S J. Variation simulation for deformable sheet metal assemblies using finite element methods [J]. Journal of Manufacturing Science and Engineering, 1997, 119 (3): 368-374.

[94] GERBINO S, PATALANO S, FRANCIOSA P. Statistical variation analysis of multi-station compliant assemblies based on sensitivity matrix [J]. International Journal of Computer Applications in Technology, 2008, 33 (1): 12-23.

[95] CAMELIO J, HU S J, CEGLAREK D. Modeling variation propagation of multi- station assembly systems with compliant parts [J]. Journal of Mechanical Design, 2003, 125 (4): 673-681.

[96] CORRADO A, POLINI W, GIULIANO G. Super-element method applied to MIC to reduce simulation time of compliant assemblies [J]. International Journal of Computer Applications in Technology, 2019, 59 (4): 277-287.

[97] LINDAU B, LORIN S, LINDKVIST L, et al. Efficient contact modeling in nonrigid variation simulation [J]. Journal of Computing and Information Science in Engineering, 2016, 16 (1): 011002.

[98] FALGARONE H, THIÉBAUT F, COLOOS J, et al. Variation simulation during assembly of non-rigid components, realistic assembly simulation with ANATOLEFLEX software [J]. Procedia CIRP, 2016, 43: 202-207.

[99] YANG D, QU W, KE Y. Evaluation of residual clearance after pre-joining and ppre-joining scheme optimization in aircraft panel assembly [J]. Assembly Automation, 2016, 36 (4): 376-387.

[100] STEFANOVA M, YAKUNIN S, PETUKHOVA M, et al. An interior-point method-based solver for simulation of aircraft parts riveting [J]. Engineering Optimization, 2018, 50 (5): 781-796.

[101] LUPULEAC S, SHINDER J, CHURILOVA M, et al. Optimization of automated airframe assembly process on example of A350 S19 splice joint [R]. SAE Technical Paper, 2019.

［102］张玮，王志国，谭昌柏，等. 基于夹具主动定位补偿的飞机柔性件装配偏差优化方法 ［J］. 航空学报，2017，38（6）：258-266.

［103］王华. 飞机先进复合材料结构装配协调技术研究现状与发展趋势 ［J］. 航空制造技术，2018，61（7）：26-33.

［104］陈济桁. 2019 年航空复合材料产业发展回顾与展望 ［N］. 中国航空报，2020-03-13（7）.

［105］范玉清. 现代飞机制造技术 ［M］. 北京：北京航空航天大学出版社，2008.

［106］王华. 飞机先进复合材料结构装配协调技术研究现状与发展趋势 ［J］. 航空制造技术，2018，61（7）：26-33.

［107］高航，曾祥钱，刘学术，等. 大型复合材料构件连接装配二次损伤及抑制策略 ［J］. 航空制造技术，2017（22）：28-35.

［108］贾晓娇，张晓斌，于建政，等. 大规格螺栓螺母拧紧力矩与预紧力关系研究 ［J］. 航天标准化，2015（3）：1-5.

［109］汤春球，张继伟，莫易敏，等. 扭矩转角法工艺与检测方法 ［J］. 机械设计与研究，2018，34（6）：111-116.

［110］黄建鑫，马晓燕，蔡文华，等. 高强度螺栓塑性变形仿真分析与拧紧试验研究 ［J］. 内燃机与动力装置，2019，36（1）：63-79.

［111］董红莉，李少龙，黄南. 航空发动机螺纹连接拧紧力矩应用分析 ［J］. 航空科学技术，2019，30（5）：20-24.

［112］ZAKI A，NASSAR S A，KRUK S，et al. Inverse solution for bolt preload using surface deformation ［J］. Journal of Pressure Vessel Technology，2017，139（4），1-35.

［113］MANDAL B，CHAKRABARTI A. Numerical failure assessment of multi-bolt FRP composite joints with varying sizes and preloads of bolts ［J］. Composite Structures，2018，187：169-178.

［114］CHANI K S，SAINI J S，BHUNIA H. Effect of nanoclay and bolt preloads on the strength of bolted joints in glass epoxy nanocomposites ［J］. Journal of the Brazilian Society of Mechanical Sciences and Engineering，2018，40（4）：184-203.

［115］ZHANG K，HU J，ZOU P，et al. Effect of secondary bending and bolt load on damage and strength of composite single-lap interference-fit bolted structures ［J］. Journal of Composite Materials，2019，53（28-30）：4385-4398.

［116］邓小艳. 轿车轮毂螺栓联接预紧力分析及其提升技术研究 ［D］. 秦皇岛：燕山大学，2018.

［117］沈媛臻，肖毅. 微动损伤对复合材料螺栓连接预紧力松弛的影响 ［J］. 复合材料学报，2019，36（2）：400-409.

［118］吕佳欣，肖毅. 复合材料螺栓连接预紧力松弛的改进预测模型 ［J］. 工程力学，2018，35（10）：229-237.

［119］SHARMA S, SUDHAKARA P, NIJJAR S, et al. Recent progress of composite materials in various novel engineering applications ［J］. Materials Today: Proceedings, 2018, 5 (14): 28195-28202.

［120］ZHANG X, CHEN Y, HU J. Recent advances in the development of aerospace materials ［J］. Progress in Aerospace Sciences, 2018, 97: 22-34.

［121］CHAKRAPANI S K, BARNARD D J. Fatigue damage evaluation of carbon fiber reinforced composites using nonlinear resonance spectroscopy ［J］. NDT & E International, 2020, 116: 102331.

［122］MÜLLER J P, DELL' AVVOCATO G, KRANKENHAGEN R. Assessing overload-induced delaminations in glass fiber reinforced polymers by its geometry and thermal resistance ［J］. NDT & E International, 2020, 116: 102309.

［123］ZHENG K, CHANG Y S, WANG K H, et al. Improved non-destructive testing of carbon fiber reinforced polymer (CFRP) composites using pulsed thermograph ［J］. Polymer Testing, 2015, 46: 26-32.

［124］LIU F, LIU S, ZHANG Q, et al. Quantitative non-destructive evaluation of drilling defects in SiCf/SiC composites using low- energy X-ray imaging technique ［J］. NDT & E International, 2020, 116: 102364.

［125］LEE Y J, LEE J R, IHN J B. Composite repair patch evaluation using pulse-echo laser ultra-sonic correlation mapping method ［J］. Composite Structures, 2018, 204: 395-401.

［126］程小全, 赵文漪, 高宇剑, 等. 胶粘剂性能对挖补修复层合板拉伸性能的影响 ［J］. 北京航空航天大学学报, 2013, 39 (9): 1144-1149.

［127］徐绯, 刘斌, 李文英, 等. 复合材料修复技术研究进展 ［J］. 玻璃钢/复合材料, 2014, 8: 105-112.

［128］肖凤利. 关注老龄飞机的结构修复 ［J］. 航空维修与工程, 2015 (5): 27-28.

［129］2017—2022 年中国民用飞机行业分析及市场深度调查报告 ［R/OL］. 2016, https://www.chyxx.com/research/201612/473166.html.

［130］封涛. 老龄飞机结构修复自动识别系统的研发 ［J］. 航空维修与工程, 2017 (6): 14-15.

［131］刘元海. 某型飞机金属结构腐蚀损伤复合材料高效原位补强修复 ［J］. 航空维修与工程, 2014 (1): 58-60.

［132］蒋超. 复合材料修复技术的新发展 ［J］. 航空维修与工程, 2019 (10): 22-24.

［133］李志歆, 卢伟达, 高赛, 等. V2500 发动机反推平移门外筒局部缺失修复 ［J］. 航空维修与工程, 2018 (3): 52-53.

［134］张小波, 王威, 赵海洋, 等. V2500 发动机反推格栅典型损伤修复技术研究 ［J］. 航空维修与工程, 018 (3): 57-59.

［135］贺强, 杨文锋, 唐庆如. 复合材料挖补修复技术研究现状与发展趋势 ［J］. 玻璃钢/复

合材料，2015（4）：85-90.

[136] 徐建新. 复合材料胶接修复损伤金属结构的研究现状 [J]. 力学进展，2000，30（3）：415-418.

[137] 邢素丽. 金属构件战伤的复合材料快速修复 [D]. 长沙：国防科学技术大学，2002.

[138] 梁凤飞，金迪，何勇. 复合材料结构修复研究 [J]. 中国胶粘剂，2019，28（5）：299-301.

[139] 胡婷萍，高丽敏，杨海楠. 航空航天用增材制造金属结构件的无损检测研究进展 [J]. 航空制造技术，2019，62（8）：71-73.

[140] 文思维，肖加余，江大志，等. 铝合金板厚度对硼/环氧补片单面修复试件疲劳性能的影响 [J]. 复合材料，2009，26（3）：7-12.

[141] 王跃然. 复合材料修复铝合金板的环境性能研究 [D]. 长沙：国防科学技术大学，2009.

[142] 王清远，袁祥明，李成中. 损伤金属结构件复合材料黏贴修补 [J]. 玻璃钢/复合材料，2003（5）：41-42.

[143] 刘元海. 某型飞机金属结构腐蚀损伤复合材料高效原位补强修复 [J]. 航空维修与工程，2014（1）：58-59.

[144] 杜善义，关志东. 我国大型客机先进复合材料技术应对策略思考 [J]. 复合材料学报，2008，1：1-10.

[145] 彭末. 复合材料层合板胶接修复强度研究 [D]. 南京：南京航空航天大学，2016.

[146] 汤洪涛. 航空复合材料维修 [J]. 航空制造技术，2007（10）：62-64.

[147] NABOULSI S, MALL S. Modeling of cracked metallic structure with bonded composite path using three layers technique [J]. Composite Structures, 1996, 35（2）：295-308.

[148] 徐绯，刘斌，李文英，等. 复合材料修复技术研究进展 [J]. 玻璃钢/复合材料，2014（8）：105-112.

[149] 曹惠玲，周百政. QAR 数据在航空发动机监控中的应用研究 [J]. 中国民航大学学报，2020（3）：17-21.

[150] 邵传金，左洪福，陆晓华，等. 民机复合材料典型结构件检修间隔的概率分析 [J]. 航空计算技术，2017，47（4）：76-79.

[151] 邵传金. 复合材料结构的检查间隔确定和修复容限评估方法研究 [D]. 南京：南京航空航天大学，2018.

[152] BALDWIN H, 孙立. 复合材料修复技术的最新变革 [J]. 航空维修与工程，2011（6）：32-33.

[153] 梁凤飞，金迪，何勇. 复合材料结构修复研究 [J]. 中国胶黏剂，2018，28（5）：62-66.

[154] 王海亮. 波音飞机梁腹板结构超手册维修方案设计 [D]. 北京：中国民航大学，2014.

[155] 张星明，蓝元沛，徐吉峰. 复合材料加筋壁板机械连接修复设计与分析工具 [J]. 失效分析与预防，2018，14（2）：13-17.

[156] 聂恒昌，谭日明，郭霞，等. 复合材料层合板机械连接修复拉伸性能［J］. 北京航空航天大学学报，2016，42（2）：318-327.

[157] 李振凯. 复合材料胶接修复结构静强度分析方法研究［D］. 上海：上海交通大学，2014.

[158] 姚磊江，童小燕，谥善艳. 损伤复合材料层板胶接修复强度分析［J］. 机械科学与技术，2005，24（6）：50-52.

[159] 单忠德，刘阳，范聪泽，等. 复合材料预制体成形制造工艺与装备研究［J］. 中国机械工程，2021，32（23）：2774-2784+2831.

[160] 韩扬眉. 2021中国制造强国发展指数报告［N］. 中国科学报，2021-12-30（1）.

[161] 刘松平，刘菲菲，李乐刚，等. 航空复合材料无损检测与评估技术研究进展回顾［J］. 航空制造技术，2019，62（14）：14-27.

[162] 陈利，赵世博，王心森. 三维纺织增强材料及其在航空航天领域的应用［J］. 纺织导报，2018（S1）：80-87.

[163] 陈利，孙颖，马明. 高性能纤维预成形体的研究进展［J］. 中国材料进展，2012，31（10）：20，21-29.

[164] 单忠德，战丽，缪云良，等. 复合材料构件数字化精确成形技术与装备［J］. 科技导报，2020，38（14）：63-67.

[165] 李培旭，陈萍，苏佳智，等. 复合材料先进液体成型技术的航空应用与最新发展［J］. 玻璃钢/复合材料，2016（8）：99-104.

[166] 文立伟，肖军，王显峰，等. 中国复合材料自动铺放技术研究进展［J］. 南京航空航天大学学报，2015，47（5）：637-649.

[167] 晏冬秀，刘卫平，黄钢华，等. 复合材料热压罐成型模具设计研究［J］. 航空制造技术，2012（7）：49-52.

[168] 刘效朋. 基于增材制造的薄壁圆柱壳屈曲行为研究［D］. 大连：大连理工大学，2020.

[169] 单忠德，范聪泽，孙启利，等. 纤维增强树脂基复合材料增材制造技术与装备研究［J］. 中国机械工程，2020，31（2）：221-226.

[170] 张睿，赵波. 未来陆军通信车载系统技术发展初探［J］. 移动通信，2016，40（12）：74-77.

[171] 方春平，赵金泽，叶正茂，等. 碳纤维增强复合材料螺旋铣孔研究进展［J］. 复合材料科学与工程，2020（11）：123-128.

[172] 蔡晓江. 基于复合材料各向异性的切削力热变化规律和表面质量评价试验研究［D］. 上海：上海交通大学，2014.

[173] 蔡跃波，安鲁陵，岳烜德，等. 飞机复合材料结构装配间隙补偿研究进展［J］. 航空制造技术，2019，62（15）：55-62.

[174] 杨浩然，安鲁陵，黎雪婷. 飞机结构中柔性件装配偏差分析与控制研究进展［J］. 航空制造技术，2021，64（4）：30-37.

［175］郭飞燕. 飞机数字量装配协调技术研究［D］. 西安：西北工业大学，2015.

［176］赵天，李营，张超，等. 高性能航空复合材料结构的关键力学问题研究进展［J］. 航空
学报，2022，43（6）：63-105.

［177］王奕首，李煜坤，吴迪，等. 复合材料液体成型固化监测技术研究进展［J］. 航空制造
技术，2017（19）：50-59.

［178］卿新林，刘琦牮，张雨强，等. 飞行器复合材料全寿命结构健康监测技术［J］. 厦门大
学学报（自然科学版），2021，60（3）：614-629.

［179］周正干，孙广开，李洋. 先进无损检测技术在复合材料缺陷检测中的应用［J］. 航空制
造技术，2016（4）：30-35.

［180］李仲平，冯志海，徐樑华，等. 我国高性能纤维及其复合材料发展战略研究［J］. 中国
工程科学，2020，22（5）：28-36.

［181］杜善义. 复合材料与战略性新兴产业［J］. 科技导报，2013，31（7）：3.